# ESENCIALES
# NAZARENOS

QUIÉNES SOMOS — QUÉ CREEMOS

PATROCINADO POR LA
JUNTA DE SUPERINTENDENTES GENERALES
IGLESIA DEL NAZARENO

A menos que se indique lo contrario, todas las citas bíblicas han sido tomadas de la Santa Biblia, versión Reina-Valera de 1995.

REV 150420POD

# ÍNDICE

EN SUS FORMAS MÁS
SUBLIMES
EN EL CIELO COMO
EN LA TIERRA,
LA IGLESIA DE DIOS
SE REÚNE, ENSEÑA Y
ADORA EN UNIDAD,
MAS TODO ESTO
ES PARA AYUDAR AL
INDIVIDUO A LLEGAR
A LA SEMEJANZA DE
SU HIJO.

# —PHINEAS F. BRESEE

PRIMER SUPERINTENDENTE GENERAL DE LA IGLESIA DEL NAZARENO

# BIENVENIDO!

Una nueva generación de líderes espirituales y un número creciente de creyentes han solicitado que las cuestiones básicas de la enseñanza, historia, teología, misión, financiamiento y conexiones de la iglesia se conjunten en una publicación breve y de fácil acceso —en un lenguaje sencillo.

*Esenciales Nazarenos* explica porqué la Iglesia del Nazareno existe como un movimiento mundial de santidad y de la Gran Comisión en la tradición arminiana wesleyana.

Para los ministros y laicos, *Esenciales Nazarenos* ofrece una mejor forma de entender el propósito de la iglesia de divulgar la santidad bíblica y su misión de hacer discípulos semejantes a Cristo en las naciones.

*Esenciales Nazarenos* está disponible en varios formatos (ePub, PDF, aplicación descargable, etc.) y en una variedad de idiomas a través de Misión Global (whdl. org/esenciales).

Esperamos que cuando usted lea y estudie Esenciales Nazarenos pueda aprender más sobre la Iglesia del Nazareno y su deseo de compartir obedientemente las buenas nuevas de Jesucristo.

> Nota: Esenciales Nazarenos es un complemento y no un reemplazo del Manual de la Iglesia del Nazareno.

Juan Wesley, 1703-1791
Fundador del Movimiento Metodista

# NUESTRA HERENCIA WESLEYANA DE
# SANTIDAD

La Iglesia del Nazareno confiesa que es una rama de aquella iglesia de Cristo que es "una, santa, universal y apostólica", y que abraza como suya la historia del pueblo de Dios preservada en el Antiguo y Nuevo Testamento, y la del pueblo de Dios a través de las edades, cualquiera haya sido la expresión de la iglesia de Cristo en la edad en la que se ha encontrado. Nuestra Iglesia recibe los credos ecuménicos de los primeros cinco siglos cristianos como expresiones de su propia fe.

Nos identificamos con la iglesia histórica en la predicación de la Palabra, en la administración de los sacramentos, en mantener un ministerio apostólico en fe y práctica, y en inculcar las disciplinas de una vida y servicio a la semejanza de Cristo. Nos unimos a los santos en atender al llamado bíblico a una vida santa y de devoción entera a Dios, lo cual proclamamos mediante la teología de la entera santificación.

Nuestra herencia cristiana fue mediada a través de la Reforma Inglesa del siglo XVI y el avivamiento wesleyano del siglo XVIII. Por medio de la predicación de Juan y Carlos Wesley, personas por toda Inglaterra, Escocia, Irlanda y Gales se alejaban del pecado y recibían el poder para servir a Dios. Este avivamiento se caracterizó por la predicación de los laicos, por los testimonios y la disciplina, y por los círculos de discípulos vehementes conocidos como "sociedades", "clases" y "bandas". Los hitos teológicos del avivamiento wesleyano incluyeron: la justificación por gracia mediante la fe; la santificación o la perfección cristiana, también por gracia mediante la fe; y el testimonio que da el Espíritu a la seguridad de la gracia.

Las contribuciones distintivas de Juan Wesley incluyeron el énfasis en la entera santificación como provisión de la gracia de Dios para la vida cristiana. Este fue un énfasis que llegó a esparcirse por todo el mundo. En los Estados Unidos, la Iglesia Metodista Episcopal se organizó en 1784 "para reformar al continente y para diseminar la santidad bíblica por estas tierras".

A mediados del siglo XIX se daría el desarrollo de un énfasis renovado en la santidad cristiana. Timothy Merritt, de Boston, Massachusetts, despertó el interés como editor de la revista *Guide to Christian Perfection* (Guía para la perfección cristiana). Phoebe Palmer, de la Ciudad de Nueva York, y quien dirigía la Reunión de los Martes para la Promoción de la Santidad, se convirtió en una solicitada oradora, autora y editora. En 1867, los predicadores metodistas J. A. Wood, John Inskip y otros, en Vineland, Nueva Jersey, iniciaron el primero de una larga serie de cultos campestres de santidad que renovaron la búsqueda wesleyana de la santidad por todo el mundo.

La Iglesia Metodista Wesleyana, la Iglesia Metodista Libre, el Ejército de Salvación y algunos entre los menonitas, Los Hermanos y los cuáqueros también hicieron hincapié en la santidad cristiana. Los evangelistas llevaron este movimiento a Alemania, el Reino Unido, Escandinavia, India y Australia. Se levantaron nuevas iglesias de santidad, incluyendo la Iglesia de Dios (Anderson, Indiana), Como resultado de estos esfuerzos surgieron asociaciones misioneras, misiones urbanas y otras congregaciones de santidad. La Iglesia del Nazareno nació como producto del impulso de unir a muchas de ellas en una iglesia de santidad.

# Unidad en Santidad

En 1887, Fred Hillery organizó la Iglesia Evangélica del Pueblo (Providence, Rhode Island). La Iglesia Misionera (Lynn, Massachusetts) siguió en 1888. En 1890, estas dos, más otras ocho congregaciones de Nueva Inglaterra formaron la Asociación Central Evangélica de Santidad. Anna S. Hanscome, ordenada en 1892, fue la primera mujer ordenada al ministerio en el linaje nazareno.

Entre 1894 y 1895, William Howard Hoople organizó tres congregaciones de santidad en Brooklyn, Nueva York, que luego formaron la Asociación de Iglesias Pentecostales de América. "Pentecostal" era sinónimo de "santidad" para estos y otros fundadores nazarenos. Los grupos de Hillery y Hoople se unieron en 1896 y abrieron obra en la India (1899) y en Cabo Verde (1901). Hiram Reynolds, su secretario de misiones, también organizó congregaciones en Canadá (1902). Para 1907, el grupo se extendía desde Nueva Escocia hasta Iowa.

Robert Lee Harris organizó la Iglesia Neotestamentaria de Cristo (Milán, Tennessee) en 1894. Mary Lee Cagle, su viuda, la llevó hasta el oeste de Texas en 1895. C. B. Jernigan organizó la primera Iglesia Independiente de Santidad (Van Alstyne, Texas) en 1901. Estas iglesias se fusionaron en Rising Star, Texas (1904), formando la Iglesia de Cristo de la Santidad. Para 1908, la Iglesia se extendía desde Georgia hasta Nuevo México, ministrando a los marginados y necesitados y ayudando a los huérfanos y a las madres solteras y a la vez manteniendo conexiones con sus obreros en India y Japón.

Phineas F. Bresee y Joseph P. Widney, con cerca de otras 100 personas, organizaron la Iglesia del Nazareno en Los Ángeles en 1895. La Iglesia mantenía que los cristianos santificados por la fe debían seguir el ejemplo de Cristo y predicar el evangelio a los pobres. Creían que su tiempo y dinero debía darse a ministerios que reflejaran a Cristo, a salvar las almas y a ayudar a los necesitados. La Iglesia del Nazareno se extendió principalmente a lo largo de la costa oeste de los Estados Unidos, aunque algunas de las congregaciones establecidas llegaban tan lejos hacia el este como Illinois. La Iglesia también sostenía una misión autóctona en Calcuta, India.

En octubre de 1907, la Asociación de Iglesias Pentecostales de América y la Iglesia del Nazareno sesionaron conjuntamente en Chicago, Illinois, a fin de formar el gobierno de una nueva iglesia. Sería un gobierno que equilibraría la superintendencia con los derechos congregacionales. Los superintendentes auspiciarían y atenderían a las iglesias establecidas, y fomentarían y organizarían nuevas iglesias, pero sin interferir con las acciones independientes de una iglesia plenamente organizada. En la reunión hubo participación de los delegados de la Iglesia de Cristo de la Santidad. Ésta, que fue la Primera Asamblea General, adoptó un nombre que provenía de ambas organizaciones: Iglesia del Nazareno Pentecostal. Bresee y Reynolds fueron electos superintendentes generales.

En septiembre de 1908, la Conferencia de Pennsylvania de la Iglesia Cristiana de la Santidad bajo el liderazgo de H. G. Trumbaur se unió a los nazarenos pentecostales. El 13 de octubre del mismo año, la Segunda Asamblea General se reunió con el Concilio General de la Iglesia de Cristo de la Santidad, en Pilot Point, Texas, con el fin de unir a las dos iglesias.

Dirigidos por J. O. McClurkan, la Misión Pentecostal fue formada en Nashville en 1898, uniendo a creyentes de santidad de Tennessee y estados circunvecinos. Esta Misión envió pastores y maestros a Cuba, Guatemala, México e India. En 1906 George Sharpe fue expulsado de la Iglesia Congregacional de Parkhead en Glasgow, Escocia, por predicar la doctrina wesleyana de la santidad cristiana. Como resultado, se formó la Iglesia Pentecostal de Parkhead y también se oprganizaron otras congregaciones, lo cual resultó en la fundación de la Iglesia Pentecostal de Escocia en 1909. La Misión Pentecostal y la Iglesia Pentecostal de Escocia se unieron a la Iglesia del Nazareno Pentecostal en 1915.

La Quinta Asamblea General (1919) cambió el nombre oficial de la denominación por el de Iglesia del Nazareno. La palabra "pentecostal" ya no era sinónimo de la doctrina de santidad como se le había entendido a finales del siglo XIX, cuando los fundadores originalmente adoptaron el nombre de la Iglesia. Así, la joven denominación permaneció fiel a su misión original de predicar el evangelio de plena salvación.

La Asamblea General en Pilot Point, Texas, EE UU, 13 de octubre de 1908

# NUESTRA IGLESIA GLOBAL

El carácter esencial de la Iglesia del Nazareno obtuvo su forma de las iglesias fundadoras que se habían unido hasta 1915. En este carácter había una dimensión internacional. La denominación ya apoyaba a iglesias plenamente organizadas en Estados Unidos, India, Cabo Verde, Cuba, Canadá, México, Guatemala, Japón, Argentina, Reino Unido, Suazilandia, China y Perú. Para 1930, había llegado a Sudáfrica, Siria, Palestina, Mozambique, Barbados y Trinidad. Para este proceso fueron esenciales líderes nacionales como los superintendentes de distrito V. G. Santín (México), Hiroshi Kitagawa (Japón) y Samuel Bhujbal (India). El carácter internacional de la Iglesia se reforzó todavía más con las nuevas adhesiones.

En 1922, J. G. Morrison trajo a nuestra Iglesia a numerosos obreros de la Layman's Holiness Association (Asociación Laica de Santidad) y a más de 1,000 de sus miembros, todos procedentes de las dos Dakotas, de Minnesota y de Montana. Chung Nam Soo (Robert Chung) trajo una red de pastores y congregaciones coreanas a la Iglesia del Nazareno en la década de 1930. Las iglesias en Australia, bajo el liderazgo de A. A. E. Berg, se unieron en 1945. Alfredo del Rosso trajo a las iglesias italianas a la denominación en 1948. La obra sudafricana de la Hephzibah Faith Missionary Association (Asociación Hefziba Misionera de Fe) y su centro en Tabor, Iowa, se unieron a los nazarenos alrededor de 1950.

La International Holiness Mission (Misión Internacional de Santidad), fundada en Londres en 1907 por David Thomas, desarrolló un extenso trabajo en el sur de África bajo la dirección de David Jones.

En 1952, sus iglesias en Inglaterra dirigidas por J. B. Maclagan y su trabajo en África se unieron a los nazarenos. Maynard James y Jack Ford formaron la Calvary Holiness Church (Iglesia de Santidad El Calvario) en Bretaña en 1934, y se unieron a los nazarenos en 1955. La Gospel Workers Church (Iglesia de Obreros del Evangelio), organizada por Frank Goff, en Ontario, Canadá, en 1918, se unió a la Iglesia del Nazareno en 1958. Hubo nigerianos que formaron una Iglesia del Nazareno autóctona en los años 1940 y, dirigidos por Jeremiah U. Ekaidem, se unieron al cuerpo internacional en 1988. Estas diversas adhesiones fortalecieron el carácter internacional de la Iglesia del Nazareno.

A la luz de estos acontecimientos, los nazarenos estaban desarrollando conscientemente un modelo de iglesia que difería de la norma protestante. En 1976, se creó una comisión de estudio para examinar la forma futura de la denominación. Su informe de 1980 recomendaba que la Asamblea General adoptara deliberadamente una política de internacionalización basada en dos principios.

Primero, que se reconociera que las iglesias y distritos nazarenos constituían globalmente "una comunidad mundial de creyentes en la que existe una total aceptación dentro de sus contextos culturales". Segundo, se identificara un compromiso común con "la misión distintiva de la Iglesia del Nazareno", a saber, la de "diseminar la santidad bíblica... (como) elemento clave en el núcleo de lo no negociable que representa la identidad nazarena".

La Asamblea General de 1980 acogió además la "uniformidad teológica internacional" alrededor de los Artículos de Fe, afirmó la importancia de la capacitación teológica para todos los ministros, e hizo un llamado para que hubiera un apoyo adecuado para las instituciones de educación teológica en todas las áreas del mundo. Convocó igualmente a los nazarenos a la madurez como comunidad internacional de santidad dentro de un solo marco relacional en el que la mentalidad colonial que evaluaba a las personas y naciones en términos de "débiles y fuertes, donadores y receptores", diera paso a "una que asuma una forma totalmente diferente de ver el mundo: reconocer las fortalezas y las igualdades de todos sus miembros".*

La Iglesia del Nazareno ha tenido subsecuentemente un patrón de crecimiento único entre los protestantes. Para 1998, la mitad de los nazarenos ya no vivía en los Estados Unidos y Canadá, y el 41 por ciento de los delegados a la Asamblea General de 2001 hablaban inglés solo como segunda lengua o no lo hablaban. En 2009, el presbítero africano Eugénio R. Duarte, de Cabo Verde, fue electo como uno de los superintendentes generales de la Iglesia.

# Peculiaridad del ministerio internacional

Los ministerios nazarenos estratégicos se han centrado históricamente en la evangelización, el ministerio social y la educación. Han florecido gracias a la cooperación entre los misioneros transculturales y los miles de pastores y obreros laicos que han indigenizado los principios wesleyanos dentro de sus culturas respectivas.

Hiram F. Reynolds jugó un rol estratégico en el establecimiento de los ministerios transculturales y en el desarrollo del concepto denominacional de evangelización mundial. Durante un cuarto de siglo como superintendente general, su constante apoyo ayudó a elevar a las misiones a nivel de prioridad denominacional. Desde 1915, Misiones Nazarenas Internacionales (originalmente Sociedad Femenil Misionera) ha recaudado fondos y promovido la educación misionera en las congregaciones alrededor del mundo.

Los primeros nazarenos eran personas compasivas que testificaban de la gracia de Dios apoyando esfuerzos contra el hambre en la India y estableciendo orfanatorios, casas de maternidad para jóvenes solteras, y misiones urbanas que ministraban a los adictos y desamparados. En la década de 1920, las prioridades del ministerio social de la iglesia cambiaron hacia la medicina, y se construyeron hospitales en China y Suazilandia, y después en India y Papúa Nueva Guinea. Ahora los médicos profesionales nazarenos cuidaban a los enfermos, realizaban cirugías, capacitaban enfermeras y patrocinaban clínicas móviles entre varios de los grupos de personas más pobres del mundo.

También se establecieron clínicas especializadas, tales como una clínica para leprosos en África. La creación de Ministerios Nazarenos de Compasión en la década de 1980 permitió una gama mayor de ministerios sociales que permanecen hasta el día de hoy y que incluyen el patrocinio de niños, la ayuda en casos de desastre, la educación sobre el SIDA, el apoyo a los huérfanos, y los proyectos de agua y de distribución de alimentos.

Las escuelas dominicales nazarenas y los estudios bíblicos siempre han sido parte de la vida de nuestras congregaciones y tienen un rol importante en la formación de discípulos semejantes a Cristo. La iglesia ha invertido en la educación básica y en la alfabetización desde sus primeros años, como es el caso con la Escuela Hope para niñas en Calcuta, fundada en 1905. Las escuelas nazarenas preparan a las personas alrededor del mundo para una participación plena en la vida social, económica y religiosa. Hasta mediados del siglo XX, la mayoría de las primeras universidades nazarenas en los Estados Unidos tuvieron escuelas primarias y secundarias anexas a ellas.

Los fundadores nazarenos invirtieron de manera considerable en la educación superior por creerla esencial para la capacitación de los pastores y otros obreros nazarenos y para la formación de los laicos. La Junta Internacional de Educación de la denominación cataloga a las instituciones nazarenas de educación superior alrededor del mundo, lo que incluye universidades de artes liberales en África, Brasil, Canadá, el Caribe, Corea y los Estados Unidos, seminarios e institutos bíblicos, escuelas de enfermería en India y Papúa Nueva Guinea, y escuelas de posgrado en teología en Australia, Costa Rica, Inglaterra, las Filipinas y los Estados Unidos.

Con el tiempo, la Iglesia del Nazareno ha pasado de ser una iglesia con presencia internacional a ser una comunidad global de creyentes. Cimentados en la tradición wesleyana, los nazarenos se ven como un pueblo cristiano, de santidad y misional, y han acogido como su declaración de misión, "Hacer discípulos semejantes a Cristo en las naciones".

*Diario de la Vigésima Asamblea General, Iglesia del Nazareno (1980):232. Franklin Cook, The International Dimension (1984):49.

# NUESTROS VALORES ESENCIALES

## 1. Somos un Pueblo Cristiano

Como miembros de la iglesia universal, nos unimos a los verdaderos creyentes en la proclamación del señorío de Jesucristo y en los credos trinitarios históricos de la fe cristiana. Apreciamos nuestra herencia wesleyana de santidad y la consideramos la manera de comprender la fe verdadera de acuerdo con la Escritura, la razón, la tradición y la experiencia.

Nos unimos a todos los creyentes en la proclamación del señorío de Jesucristo. Creemos que, en el amor divino, Dios ofrece a todas las personas el perdón de los pecados y la reconciliación. Al ser reconciliados con Dios, somos reconciliados unos con otros, amándonos unos a otros como Dios nos ha amado, perdonándonos unos a otros como hemos sido perdonados por Dios. Creemos que nuestra vida en comunidad muestra el carácter de Cristo. Consideramos la Escritura como la fuente principal de la verdad espiritual confirmada por la razón, la tradición y la experiencia.

*Con todo el pueblo de Dios, confesamos y alabamos a Jesucristo el Señor.*

Jesucristo es el Señor de la iglesia, que, como el Credo de los Apóstoles dice, es una iglesia santa, universal y apostólica. En Jesucristo y a través del Espíritu Santo, Dios el Padre ofrece el perdón de pecados y la reconciliación a todo el mundo. Quienes responden a la oferta de Dios en fe vienen a ser el pueblo de Dios. Habiendo sido perdonados y reconciliados en Cristo, perdonamos y somos reconciliados unos con otros. De esta manera somos la iglesia y el Cuerpo de Cristo y revelamos la unidad de ese Cuerpo. Como el Cuerpo de Cristo tenemos "un solo Señor, una sola fe, un solo bautismo". Afirmamos la unidad de la iglesia de Cristo y nos esforzamos por todos los medios para preservarla (Efesios 4:3-5).

## 2. Somos un Pueblo de Santidad

Dios, quien es santo, nos llama a una vida de santidad. Creemos que el Espíritu Santo desea efectuar en nosotros una segunda obra de gracia, conocida con varios términos incluyendo "entera santificación" y "bautismo con el Espíritu Santo" —limpiándonos de todo pecado; renovándonos a la imagen de Dios; dándonos el poder para amar a Dios con todo nuestro corazón, alma, mente y fuerza, y a nuestro prójimo como a nosotros mismos; y produciendo en nosotros el carácter de Cristo. La santidad en la vida de los creyentes se entiende más claramente como semejanza a Cristo.

### La obra del Espíritu Santo nos restaura a la imagen de Dios y produce en nosotros el carácter de Cristo.

Se nos exhorta en las Escrituras y somos atraídos por gracia para adorar y amar a Dios con todo nuestro corazón, alma, mente y fuerza, y a nuestro prójimo como a nosotros mismos. Para este fin nos consagramos plena y completamente a Dios, creyendo que podemos ser "enteramente santificados", como una segunda crisis en la experiencia espiritual. Creemos que el Espíritu Santo nos convence, limpia, llena y da poder a medida que la gracia de Dios nos transforma día tras día en un pueblo de amor, de disciplina espiritual, pureza ética, rectitud moral, compasión y justicia. La obra del Espíritu Santo nos restaura a la imagen de Dios y produce en nosotros el carácter de Cristo. La santidad en la vida de los creyentes se entiende más claramente como semejanza a Cristo.

Creemos en Dios el Padre, el Creador, que da vida a lo que no existe. En otro tiempo no éramos, pero Dios nos llamó a ser, nos hizo para sí mismo, y nos formó a su propia imagen. Hemos sido comisionados para llevar la imagen de Dios: "Yo soy Jehová, vuestro Dios. Vosotros por tanto os santificaréis y seréis santos, porque yo soy santo" (Levítico 11:44a).

## 3. Somos un Pueblo Misional

Somos un "pueblo enviado" que responde al llamado de Cristo y es capacitado por el Espíritu Santo para ir al mundo, a testificar del señorío de Cristo y participar con Dios en la edificación de la iglesia y la extensión de su reino (2 Corintios 6:1). Nuestra misión (a) principia en la adoración, (b) ministra al mundo en el evangelismo y la compasión, (c) anima a los creyentes a la madurez cristiana a través del discipulado, y (d) prepara a mujeres y hombres para el servicio cristiano a través de la educación cristiana superior.

### A. Nuestra misión de adoración

La misión de la iglesia en el mundo comienza en la adoración. A medida que nos reunimos delante de Dios en adoración —cantando, escuchando la lectura pública de la Biblia, dando nuestros diezmos y ofrendas, orando, escuchando la Palabra predicada, bautizando y participando en la Santa Cena—, sabemos más claramente lo que significa ser el pueblo de Dios. Nuestra convicción de que la obra de Dios en el mundo se logra principalmente a través de congregaciones que adoran, nos lleva a entender que nuestra misión incluye recibir nuevos miembros en el compañerismo de la iglesia, y a la organización de nuevas congregaciones que adoren.

## La adoración es la expresión más alta de nuestro amor a Dios.

La adoración es la expresión más alta de nuestro amor a Dios. Es una adoración centrada en Dios que honra a Aquél que en su gracia y misericordia nos redime. El contexto primario de la adoración es la iglesia local donde el pueblo de Dios se reúne, no en una experiencia centrada en sí misma o para la autoglorificación, sino como entrega y ofrecimiento propio. La adoración es la iglesia en servicio de amor y obediencia a Dios.

### B. Nuestra misión de compasión y evangelismo

Como pueblo consagrado a Dios, compartimos su amor por los perdidos y su compasión por los pobres y afligidos. El Gran Mandamiento (Mateo 22:36-40) y la Gran Comisión (Mateo 28:19-20) nos impulsan a enfrentarnos al mundo con evangelismo, compasión y justicia. Para este fin, nos hemos comprometido a invitar a la fe a todo ser humano, a cuidar de los necesitados, a oponernos a la injusticia y apoyar al oprimido, a proteger y preservar los recursos de la creación de Dios, e incluir en nuestro compañerismo a todo aquel que invoque el nombre del Señor.

A través de esta misión en el mundo, la iglesia demuestra el amor de Dios. La historia de la Biblia es la historia de Dios reconciliando al mundo consigo mismo, finalmente a través de Cristo Jesús (2 Corintios 5:16-21). La iglesia es enviada al mundo para participar con Dios en este ministerio de amor y reconciliación por medio del evangelismo, la compasión y la justicia.

### C. Nuestra misión de discipulado

Nos hemos comprometido a ser —e invitamos a otros a convertirse en— discípulos de Jesús. Con esto en mente, nos comprometemos a proveer los medios (escuela dominical, estudios bíblicos, pequeños grupos de mutua responsabilidad, etc.), a través de los cuales se anima a los creyentes a crecer en su comprensión de la fe cristiana y en su relación unos con otros y para con Dios. Entendemos que el discipulado incluye que nos sometamos a obedecer a Dios y a las disciplinas de la fe. Creemos que debemos ayudarnos unos a otros para practicar la vida de santidad a través del compañerismo cristiano, el sostenimiento y la mutua responsabilidad de amor. Wesley dijo: "Dios nos ha unido los unos con los otros para fortalecer nuestras manos".

> *El discipulado es el medio a través del cual el Espíritu Santo nos lleva gradualmente a la madurez en Cristo.*

El discipulado cristiano es un estilo de vida. Es el proceso de aprender cómo quiere Dios que vivamos en el mundo. A medida que aprendemos a vivir en obediencia a la Palabra de Dios, en sumisión a las disciplinas de la fe, y en mutua responsabilidad unos para con otros, principiamos a entender el verdadero gozo de la vida disciplinada y el significado cristiano de la libertad.

El discipulado no es un esfuerzo meramente humano; no es el sometimiento a reglas y reglamentos. Es el medio a través del cual el Espíritu Santo nos lleva gradualmente a la madurez en Cristo. A través del discipulado llegamos a ser un pueblo con carácter cristiano. La meta final del discipulado es ser transformados a la semejanza de Jesucristo (2 Corintios 3:18).

### D. Nuestra misión en la educación superior cristiana

Estamos comprometidos con la educación educación superior cristiana, a través de la cual los hombres y las mujeres son equipados para vidas de servicio cristiano. En nuestros seminarios, colegios bíblicos, colegios y universidades, estamos comprometidos con la búsqueda del conocimiento, el desarrollo del carácter cristiano, y la preparación de líderes para lograr nuestro llamado divino de servir en la iglesia y en el mundo.

La educación superior cristiana ocupa un lugar central en la misión de la Iglesia del Nazareno. En los años iniciales de la Iglesia del Nazareno, se organizaron instituciones de educación superior cristiana con el propósito de preparar a hombres y mujeres de Dios para el liderazgo y servicio cristiano en el avance global del avivamiento wesleyano de santidad. Nuestro compromiso continuo con la educación superior cristiana a través de los años ha producido una red mundial de seminarios, escuelas bíblicas, colegios y universidades.

# LA MISIÓN DE LA IGLESIA DEL NAZARENO ES HACER DISCÍPULOS SEMEJANTES A CRISTO EN LAS NACIONES

# NUESTRA MISIÓN

**La misión de la Iglesia del Nazareno es hacer discípulos semejantes a Cristo en las naciones.**

Somos una iglesia de la Gran Comisión (Mateo 28:19-20). Como comunidad global de fe, se nos ha comisionado llevar las buenas nuevas de vida en Cristo Jesús a gente en todas partes y diseminar el mensaje bíblico de la santidad (vivir a la semejanza de Cristo) en todos los países.

La Iglesia del Nazareno une a personas que han hecho de Jesucristo el Señor de sus vidas, que comparten en la comunión cristiana, y que buscan fortalecerse mutuamente en el desarrollo de su fe mediante la adoración, la predicación, la capacitación y el servicio a otros.

Junto a nuestro compromiso personal con una vida semejante a la de Cristo, también nos esforzamos por expresar la compasión de Jesucristo a todas las personas.

Aunque el motivo principal de la iglesia es glorificar a Dios, también se nos llama a participar activamente en su misión, a saber, reconciliar al mundo consigo mismo.

La declaración de misión contiene los fundamentos históricos de nuestra misión: evangelismo, santificación, discipulado, compasión. La esencia de la santidad es la semejanza a Cristo.

Los nazarenos son más y más un pueblo enviado a las casas, a los lugares de trabajo, a las comunidades y aldeas, y a otras ciudades y países. Ahora enviamos misioneros desde todas las regiones del mundo.

Dios continúa llamando a personas ordinarias para que hagan cosas extraordinarias, y todo porque la persona del Espíritu Santo lo hace posible.

# NUESTRAS CARACTERÍSTICAS NAZARENAS

En la Asamblea General de 2013, la Junta de Superintendentes Generales develó siete características de la Iglesia del Nazareno:

1. Adoración significativa
2. Coherencia teológica
3. Evangelismo apasionado
4. Discipulado intencional
5. Desarrollo de la iglesia
6. Liderazgo transformacional
7. Compasión con propósito

Aunque estos descriptores no sustituyen nuestra misión de "hacer discípulos semejantes a Cristo en las naciones", ni tampoco nuestros valores medulares de ser una iglesia "cristiana, de santidad y misional", sí describen lo que creemos que debe caracterizar a cada Iglesia del Nazareno y, en gran medida, lo que deben reflejar los nazarenos en todas partes. Exhortamos a los líderes de la iglesia a que enfaticen, y a todos los nazarenos a que encarnen estas características a medida que seguimos adelante. Exploremos cómo, con el tiempo, se puedan volver realidades para la iglesia global.

## 1. *Adoración Significativa*

### Un llamado a la adoración

¡Venid, aclamemos alegremente a Jehová! ¡Cantemos con júbilo a
la roca de nuestra salvación!
¡Lleguemos ante su presencia con alabanza! ¡Aclamémosle con cánticos!,
porque Jehová es Dios grande, el gran Rey sobre todos los dioses.
En su mano están las profundidades de la tierra y las alturas de los montes son suyas.
Suyo también el mar, pues él lo hizo, y sus manos formaron la tierra seca.
Venid, adoremos y postrémonos; arrodillémonos delante de Jehová, nuestro hacedor.
porque él es nuestro Dios; nosotros el pueblo de su prado y ovejas de su mano.
—*Salmos 95:1-7a*

Podemos decir confiadamente que adorar a Dios es reconocerlo como la Roca de nuestra salvación, el gran Dios, el gran Rey sobre todos los dioses, el creador de todas las cosas, y el Pastor que cuida de su pueblo.

A. Los discípulos de Jesús vivieron en su presencia y ministraron a otros como resultado de su relación.

- Jesús envió a sus discípulos al mundo a ministrar (Mateo 10).

- Después les dijo que necesitaban ser llenos del Espíritu Santo. Esperaron en el aposento alto y el Espíritu Santo vino tal y como Jesús les había dicho (Hechos 2).

- Una vez que los discípulos empezaron a ministrar al mundo se convirtieron en embajadores de Dios.

- Llevaron un mensaje de reconciliación junto a su misión de reconciliación (2 Corintios 5:11-21).

- El apóstol Pablo lo dijo mejor: "Así que, somos embajadores en nombre de Cristo, como si Dios rogara por medio de nosotros; os rogamos en nombre de Cristo: Reconciliaos con Dios. Al que no conoció pecado, por nosotros lo hizo pecado, para que nosotros seamos hechos justicia de Dios en él" (2 Corintios 5:20-21).

B. Jesús desafió a sus seguidores con la Gran Comisión.

- "Por tanto, id y haced discípulos a todas las naciones, bautizándolos en el nombre del Padre, y del Hijo, y del Espíritu Santo, y enseñándoles que guarden todas las cosas que os he mandado. Y yo estoy con vosotros todos los días, hasta el fin del mundo" (Mateo 28:19-20).

- La iglesia primitiva empezó a cumplir verdaderamente con esta comisión en el mundo después de un encuentro significativo de adoración en Antioquía (Hechos 13:1-4).

> *La iglesia primitiva empezó a cumplir verdaderamente con esta comisión en el mundo después de un encuentro significativo de adoración en Antioquía (Hechos 13:1-4).*

C. La adoración significativa se lleva a cabo cuando practicamos las disciplinas del Espíritu, como lo son el ayuno y la oración.

- El Espíritu Santo luego los envió a ganar a otros para su fe.
- Esto ocurrió en el contexto de la adoración.
- La adoración nos inspira, y libera el poder de Dios en nuestras vidas.
- La adoración reorienta nuestras vidas hacia la de Cristo. Es una disciplina espiritual imperativa para todos los creyentes, y es usada por Dios para moldearnos a la santa imagen de Jesús.
- Debemos hacer de la adoración personal y colectiva prácticas constantes en nuestras vidas.

D. La adoración significativa da tiempo en los servicios colectivos para que Dios se mueva entre nosotros a su propio modo.

- La iglesia primitiva no trataba los negocios por medio de comités o seminarios.
- En lugar de eso, se reunían frecuentemente para los servicios de adoración en comunidad y le permitían a Dios obrar con libertad entre ellos.
- Debemos estar dispuestos a dejar nuestras agendas a un lado y darle tiempo a Dios para que complete su agenda entre nosotros.

E. La adoración significativa le da espacio a Dios para moverse libremente entre tanto lo esperamos con expectación.

- Debemos darle tiempo a Dios para que se revele y para que convenza, mueva, toque, salve y santifique a las personas a su manera y a su tiempo.
- Debemos ir a cada reunión de adoración con la ansiosa anticipación de que Dios nos encontrará en esa reunión y se moverá entre nosotros.
- Debemos anticipar que Dios se moverá de forma clara y que hará lo que solo Dios puede hacer cada vez que nos reunamos semanalmente para adorar. No debemos nunca estar satisfechos con la rutina ordinaria de una reunión habitual.

F. Los hijos de Dios deben reunirse cada semana a fin de ser cautivados poderosamente por el Espíritu de Dios.

- No hay nada que substituya el que el espíritu humano sea energizado por el Espíritu divino de Dios.
- Y esto sucede mejor en los momentos de adoración colectiva significativa.

## 2. Coherencia Teológica

A. Nuestra voz nazarena deberá escucharse dentro del ámbito más amplio de la iglesia cristiana.

- Nuestra voz habla de quiénes somos teológicamente.
- Es lo que afirmamos, lo que nos motiva a actuar, y el cómo vivimos nuestras creencias en la vida diaria.

B. Estas son nuestras fuentes de coherencia teológica.

- Las Escrituras: Creemos que las Sagradas Escrituras son fundacionales y vitales para formar nuestra identidad en Cristo.
- La tradición cristiana: Celebramos las enseñanzas ortodoxas de 2,000 años de historia a través de las diversas tradiciones cristianas.
- La razón: Creemos que el Espíritu de Dios obra a través de nuestro intelecto y nos da discernimiento.
- La experiencia personal: Creemos que Dios obra en y por medio de las vidas de las personas y de las comunidades que siguen a Cristo.

C. Estas creencias nos dan una coherencia teológica.

- Somos cristianos.

    Afirmamos nuestra creencia en el Dios Trino —Padre, Hijo, y Espíritu Santo.

    Afirmamos la fe en Jesucristo como el Hijo de Dios.

    Afirmamos a Cristo como la segunda persona de la Trinidad.

    Sostenemos los credos y tradiciones ortodoxas de la iglesia cristiana.

- Somos protestantes.

    Creemos en la justificación por la gracia mediante la fe sola para la salvación.

    Le damos a las Escrituras una alta autoridad.

    Creemos en el sacerdocio de todos los creyentes.

    Afirmamos el sermón como un aspecto central de la experiencia de adoración y ubicamos al púlpito como el centro de la plataforma de la iglesia.

    Creemos que los dones del Espíritu son repartidos entre todos los creyentes en el cuerpo de Cristo.

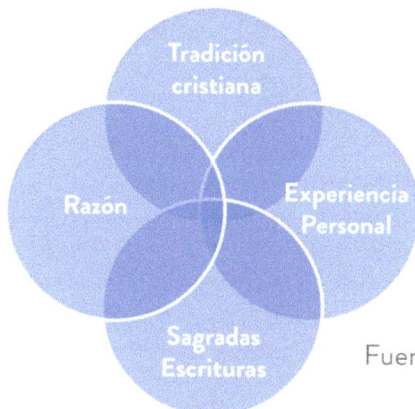

Fuentes de coherencia teológica

- Somos evangélicos.

  Creemos en la posibilidad y necesidad de una relación personal con Jesucristo mediante el perdón de los pecados y la transformación de nuestro carácter a la semejanza de Cristo.

  Creemos en el testimonio de nuestra fe mediante los cambios de estilos de vida.

- Somos wesleyanos.

  Creemos en una naturaleza esencial de Dios alrededor de la cual se construye toda la teología —"Dios es amor" (1 Juan 4:8).

  Creemos que los humanos ejercen su libre albedrío para tener una relación significativa con Dios.

  Creemos que Dios ejerce su gracia y misericordia para con la humanidad.

  Creemos que la gracia preveniente de Dios va delante de una persona, previene que esa persona caiga más en el pecado, y la acerca a Dios.

  Creemos que la gracia suficiente de Dios que busca, redime, salva y santifica, obra con una persona para hacerla hija(o) de Dios y le da una victoria continua en el caminar cristiano.

  Creemos en el optimismo de la gracia para romper el poder del pecado en la vida de una persona y transformar a la persona de un pecador a un hijo de Dios que voluntariamente obedezca al Señor con un corazón de amor.

  Creemos que la santidad y la santificación son posibilidades reales en esta vida.

- Creemos en el testimonio del Espíritu.

  Creemos en la seguridad que le permite a una persona saber que sus pecados son perdonados por Dios, y que le da una consciencia continua de que la sangre de Jesucristo sigue cubriendo los pecados del pasado, ofreciéndole una victoria diaria.

  Creemos en aquella dirección del Espíritu que permite que la persona sea guiada por Dios en las decisiones diarias de la vida. El Espíritu de Dios puede dirigir a sus hijos y a sus hijas con avisos y controles que les den un sentido de dirección en el viaje de la vida.

D. Creemos que hay cuatro aspectos esenciales de una vida santa:

- La semejanza a Cristo —ser transformados diariamente a la imagen de Jesús mediante la obra del Espíritu Santo al estar disponibles para que Dios trabaje en nosotros. "Por tanto, si hay algún consuelo en Cristo, si algún estímulo de amor, si alguna comunión del Espíritu, si algún afecto entrañable, si alguna misericordia, completad mi gozo, sintiendo lo mismo, teniendo el mismo amor, unánimes, sintiendo una misma cosa" (Filipenses 2:1-2).

- El estilo de vida —ser apartados para propósitos santos con el fin de hacer la obra de Dios en nuestro mundo. "No ruego que los quites del mundo, sino que los guardes del mal. No son del mundo, como tampoco yo soy del mundo. Santifícalos en tu verdad: tu palabra es verdad" (Juan 17:15-17).

- La tentación y el poder para elegir —tener la habilidad de no rendirse a las adicciones, o a las sugerencias de la carne o del maligno, sino tener el poder de Dios para vivir una vida santa. "Que él alumbre los ojos de vuestro entendimiento, para que sepáis cuál es la esperanza a la que él os ha llamado, cuáles las riquezas de la gloria de su herencia en los santos y cuál la extraordinaria grandeza de su poder para con nosotros los que creemos, según la acción de su fuerza poderosa. Esta fuerza operó en Cristo, resucitándolo de los muertos y sentándolo a su derecha en los lugares celestiales" (Efesios 1:18-20).

- El fruto del Espíritu —el perfecto amor de Dios que se manifiesta en amor, gozo, paz, paciencia, bondad, benignidad, fidelidad y autocontrol. "En el amor no hay temor, sino que el perfecto amor echa fuera el temor, porque el temor lleva en sí castigo. De donde el que teme, no ha sido perfeccionado en el amor" (1 Juan 4:18).

E. Creemos en la vía media. Intentamos evitar los extremos en un sinnúmero de asuntos, sea de un lado o del otro. Siempre que sea posible, nos enfocamos menos en los detalles de los extremos y más en el equilibrio del punto medio.

## 3. *Evangelismo Apasionado*

El evangelismo apasionado es nuestra respuesta al amor y gracia de Jesús para la humanidad. La Iglesia del Nazareno empezó con un evangelismo apasionado, y continúa siendo el corazón de quiénes somos. En su llamado al evangelismo, Phineas Bresee, el primer superintendente general de la Iglesia del Nazareno, dijo, "Estamos en deuda con llevar el evangelio a toda [persona] en la misma medida en la que lo hemos recibido". Nos enfocamos en ayudar a las personas a descubrir una fe salvífica personal en Jesucristo.

A. El evangelismo apasionado fue modelado por Jesús:
- "Al ver las multitudes tuvo compasión de ellas, porque estaban desamparadas y dispersas como ovejas que no tienen pastor. Entonces dijo a sus discípulos: A la verdad la mies es mucha, mas los obreros pocos. Rogad, pues, al Señor de la mies, que envíe obreros a su mies" (Mateo 9:36–38).
- Jesús dijo, "¿No decís vosotros: 'Aún faltan cuatro meses para que llegue la siega?' Yo os digo: Alzad vuestros ojos y mirad los campos, porque ya están blancos para la siega" (Juan 4:35).

B. El evangelismo apasionado fue un mandato de Jesús:
- "Y les dijo: Id por todo el mundo y predicad el evangelio a toda criatura" (Marcos 16:15).
- "Y les dijo: Así está escrito, y así fue necesario que el Cristo padeciera, y resucitara de los muertos al tercer día; y que se predicara en su nombre el arrepentimiento y el perdón de pecados en todas las naciones, comenzando desde Jerusalén" (Lucas 24:46-47).

C. El evangelismo apasionado fue dejado libre de trabas por Jesús:
- "Y será predicado este evangelio del Reino en todo el mundo, para testimonio a todas las naciones, y entonces vendrá el fin" (Mateo 24:14).
- "El ladrón no viene sino para hurtar, matar y destruir; yo he venido para que tengan vida, y para que la tengan en abundancia" (Juan 10:10).

D. El evangelismo apasionado es facultado por el Espíritu Santo:
- Él nos potencia individual y colectivamente para vivir la santidad y testificar de ella.
- "Pero recibiréis poder cuando haya venido sobre vosotros el Espíritu Santo, y me seréis testigos en Jerusalén, en toda Judea, en Samaria y hasta lo último de la tierra" (Hechos 1:8).

E. El evangelismo apasionado se produce por el Espíritu Santo:
- Su vida en nosotros es evidente y productiva.
- "Pero el fruto del Espíritu es amor, gozo, paz, paciencia, benignidad, bondad, fe, mansedumbre, templanza; contra tales cosas no hay ley. Pero los que son de Cristo han crucificado la carne

con sus pasiones y deseos. Si vivimos por el Espíritu, andemos también por el Espíritu" (Gálatas 5:22–25).

F. El evangelismo apasionado da nueva vida y nueva energía tanto al individuo como a la iglesia.

- "De modo que si alguno está en Cristo, nueva criatura es; las cosas viejas pasaron; todas son hechas nuevas" (2 Corintios 5:17).
- "Y el Señor añadía cada día a la iglesia los que habían de ser salvos" (Hechos 2:47b).

G. El evangelismo apasionado es una expresión de nuestra obediencia a Jesús:

- Una de las evidencias más innegables del poder transformador del evangelio es la vida del apóstol Pablo.
- En uno de sus testimonios, el Apóstol dijo, "A griegos y a no griegos, a sabios y a no sabios soy deudor. Así que, en cuanto a mí, pronto estoy a anunciaros el evangelio... No me avergüenzo del evangelio, porque es poder de Dios para salvación a todo aquel que cree" (Romanos 1:14–16).

H. La pasión por Cristo es nuestro punto de entrada a la Gran Comisión (Mateo 28:19-20) —nuestra capacitación y equipamiento vienen después:

- De ahí derivamos que todos deberían conocer a Jesucristo.
- Por lógica, todos, hasta los menos dotados con técnicas o métodos, deberían responder con pasión y compartir a Cristo con resolución.

I. El evangelismo apasionado nos invita a depender del poder de la Palabra de Dios que nos empuja a compartir las buenas nuevas de salvación con otros:

- Estudiamos la Biblia con fe; luego les decimos a otros lo que dice la Palabra de Dios.
- El poder del mensaje del evangelio habla a los corazones de hombres y mujeres, y de niños y niñas que necesitan una restaurada relación con Dios.
- Jesús nos muestra el ejemplo. "Porque el Hijo del hombre vino a buscar y a salvar lo que se había perdido" (Lucas 19:10). "Enseñando Jesús al pueblo en el Templo, y anunciando el evangelio" (Lucas 20:1a).

J. El evangelismo apasionado nos impulsa a conocer a Cristo de manera más completa:

- Expresa quiénes somos, nuestro estilo de vida. Nuestra pasión por la vida no es mayor que nuestra pasión por la evangelización. Al elegir vivir, elegimos evangelizar.
- Da fe de lo que sabemos. Como el ciego que fue sanado por Jesús, quien sencillamente testificó, "Una cosa sé, que habiendo yo sido ciego, ahora veo" (Juan 9:25).
- Prueba cuán agradecidos estamos por este privilegio. "De gracia recibisteis, dad de gracia" (Mateo 10:8b).

K. El evangelismo apasionado nos motiva a discipular:

- A lo largo del viaje de la vida, buscamos influenciar a las personas que conocemos y a las que no conocemos al compartirles nuestro caminar de fe.
- Todo seguidor de Cristo debe estar lo suficientemente apasionado por su relación con Dios como para compartir en conversaciones con otros un testimonio personal que fluya de manera natural.

L. El evangelismo apasionado inspira nuestra creatividad:

- Herramientas —Unos cuantos ejemplos son: Película JESÚS, Balón evangelístico, Cubo evangelístico.
- Métodos —Muchos métodos, un mensaje.
- Estrategias —Evangelismo masivo, amistad y evangelismo personal, células o grupos pequeños, ministerios urbanos y muchos más.

*Estamos en deuda con llevar el evangelio a toda [persona] en la misma medida en la que lo hemos recibido.*
*— Phineas Bresee*

### 4. Discipulado Intencional

A. Jesús llamó a la iglesia a hacer discípulos intencionalmente.

- "Por tanto, id y haced discípulos a todas las naciones, bautizándolos en el nombre del Padre, y del Hijo y del Espíritu Santo, enseñándoles que guarden todas las cosas que os he mandado. Y yo estoy con vosotros todos los días, hasta el fin del mundo" (Mateo 28:19-20).
- La iglesia tiene un método intencional para hacer discípulos semejantes a Cristo.
- Los discípulos semejantes a Cristo son personas que moran en Cristo, crecen a semejanza de Cristo, y hacen lo que Él hace. Se niegan a sí mismos, y aman y obedecen a Dios con todo su corazón, alma, mente y fuerzas. (Marcos 12:30, Juan 15, Lucas 9).
- El discipulado relacional e intencional ayuda a las personas a desarrollar relaciones íntimas y de obediencia con Jesús. En estas relaciones, el Espíritu de Cristo transforma el carácter de las personas a la semejanza de Cristo, y lo hace cambiando los valores de los nuevos creyentes a los valores del Reino, e involucrándolos en su misión de invertir en otros, bien sea en sus hogares, en sus iglesias y en el mundo.

B. Empezamos guiando a las personas a una relación personal con Jesucristo.

- El viaje de fe se inicia con la confesión de los pecados y el perdón por gracia mediante la fe en Jesucristo.
- Estas nuevas criaturas en Cristo son regeneradas y adoptadas dentro de la familia de Dios.
- La regeneración produce cambios en los corazones y en los estilos de vida, y también testimonios de la gracia de Dios a los que los regenerados conocen.
- Inmediatamente nutrimos a estos nuevos creyentes dentro de la comunidad de fe enseñándoles desde el inicio que han sido salvos no solo para el bien de ellos mismos sino para el de aquellos a quienes van a influenciar y llevar a Cristo. Se volverán hacedores de discípulos que discipulan a otros quienes a su vez se volverán hacedores de discípulos.
- El discipulado incluye ayudar a alguien más a seguir a Jesús más de cerca.

*El discipulado relacional e intencional ayuda a las personas a desarrollar relaciones íntimas y de obediencia con Jesús.*

C. Desarrollamos intencionalmente discípulos semejantes a Cristo por medio de un vigoroso ministerio de púlpito.

- Nuestros pastores predican sermones instruccionales sobre cómo crecer en nuestra fe en Cristo.
- Nuestros pastores predican sermones con bases bíblicas y alimentan a su pueblo con miras al crecimiento y a un hambre más profunda por la Biblia.
- Nuestros pastores permiten que la Palabra de Dios se convierta en la base de todos los esfuerzos del discipulado.
- Nuestros pastores enseñan a su pueblo cómo estudiar la Biblia, y a pensar en lo que significa la Palabra y la forma de aplicarla a sus vidas.
- Nuestros pastores se esfuerzan por tener una dieta bíblica equilibrada de predicación a lo largo del año.
- Nuestros pastores dependen del Espíritu Santo de Dios para dinamizar todo lo que hacen a fin de unirlo de manera equilibrada para formar discípulos semejantes a Cristo.
- Jesús les predicaba a las multitudes, pero a sus discípulos les enseñaba cuidadosamente en grupos pequeños.
- Jesús no enseñaba sin contar parábolas (historias) para ayudar a las personas a aprender (Marcos 4:34).

D. Promovemos clases de escuela dominical que alimenten y cultiven el crecimiento de discípulos semejantes a Cristo.

- Tanto en la exposición de la Palabra como en su aplicación práctica para la vida, nuestros maestros de escuela dominical presentan lecciones dirigidas a hacer discípulos semejantes a Cristo.
- A fin de poder responder a sus preguntas sobre la fe cristiana y alentarlos a crecer en la gracia de Dios, nuestros maestros de escuela dominical demostrarán siempre un interés personal en los nuevos creyentes que irá más allá del salón de clases.
- Nuestro sistema de instrucción de escuela dominical ofrece cursos que abarcan desde los bebés hasta los adultos mayores y provee el alcance y la secuencia de material que estudia toda la Biblia de forma organizada. "Instruye al niño en su camino, y ni aún de viejo se apartará de él" (Proverbios 22:6).

E. Desarrollamos grupos pequeños de estudio bíblico que alienten la rendición de cuentas.

- La rendición de cuentas en los grupos pequeños de estudio bíblico para nuevos creyentes o para los maduros en la fe ocurre a nivel grupal y uno a uno.
- En los grupos pequeños, y a fin de conectarse con los amigos como práctica acostumbrada de vida, se desarrollan relaciones sanas que van más allá de las reuniones regulares.
- Estos grupos de estudio ofrecen una mezcla de estudio bíblico e interacción social que es esencial para el crecimiento en la gracia.
- Los grupos pequeños de discipulado se desarrollan en sistemas de apoyo para convivir más allá del tiempo del día de escuela dominical.

F. Alentamos el crecimiento espiritual de los discípulos semejantes a Cristo mediante un calendario eclesiástico bien planificado.

- Programas de esgrima bíblico juvenil.

- Ministerio infantil de Caravanas.
- Escuelas bíblicas de vacaciones.
- Programas de alcance de Navidad y Semana Santa.
- Esfuerzos de ministerios compasivos.
- Ministerio de discipulado a otros.
- Ministerios para hombres, mujeres, adultos mayores y solteros, y de necesidades especiales, de equipos deportivos y una variedad de otros grupos afines, todos los cuales deben considerarse convenientes para ayudar a las personas a establecer la conexión con Cristo y su iglesia.

G. Exhortamos a los creyentes a usar todos los medios posibles para el crecimiento y el desarrollo de su fe personal.
- Leamos la Biblia con ayudas de estudio; escuchemos la Biblia en archivos de audio.
- Oremos diariamente.
- Escuchemos música cristiana.
- Leamos literatura cristiana.
- Busquemos socios para la rendición de cuentas que oren todos los días porque seamos como Cristo.
- Busquemos socios para la rendición de cuentas que nos amen tanto como para hacernos preguntas difíciles.
- Desarrollemos la disciplina de contarle regularmente a otros lo que Dios está haciendo en nuestras vidas.

H. Alentamos a los creyentes a aprender a buscar diariamente la presencia de Dios.
- La mejor descripción de la vida cristiana es una relación personal cercana con nuestro Señor y Salvador Jesucristo.
- Los discípulos intencionales crecen mejor a la semejanza de Cristo cuando pasan tiempo con Él.
- Por lo tanto, buscamos diariamente escuchar la voz de Dios; nos alimentamos diariamente de su Palabra; disfrutamos diariamente su presencia.
- Los discípulos semejantes a Cristo lo buscan intencionalmente y lo comparten de buena gana con aquellos cuyas vidas tocan.

*La oración, el estudio de la Palabra de Dios, y el ayudarse intencionalmente y de forma mutua a ser más como Jesús, caracteriza el discipulado dinámico en la iglesia.*

I. Alentamos a los discípulos a hacer discípulos intencionalmente.
- El Señor nos comisionó y autorizó para hacer discípulos (Mateo 28:19-20).
- En oración, invitamos a los cristianos maduros a que intencionalmente nos discipulen o que sean nuestros mentores.
- En oración, invitamos a un pequeño grupo de creyentes a ser parte de nuestro grupo de discipulado.

- Invertimos nuestras vidas en estos discípulos al buscar juntos al Señor.
- Los métodos de enseñanza de la Biblia centrados en narraciones y dentro de los grupos pequeños proporcionan una base bíblica sólida para que los discípulos aprendan la Biblia y pasen su mensaje a sus círculos de influencia.
- La oración, el estudio de la Palabra de Dios, y el ayudarse intencionalmente y de forma mutua a ser más como Jesús, caracteriza el discipulado dinámico en la iglesia.

## 5. Desarrollo de la Iglesia

A. La iglesia cristiana comenzó con Jesucristo; Él comenzó la primera comunidad de fe.

- La comunidad de fe se reunía regularmente para adorar a Dios.
- Después empezó a crecer y a multiplicarse con el surgimiento de nuevas iglesias durante el primer viaje misionero del apóstol Pablo y su compañero Bernabé (Hechos 13-14).

B. Pablo se lanzó en un segundo viaje misionero y planeaba fundar más iglesias, pero el Espíritu Santo lo llevó en una dirección diferente a la que él pensaba (Hechos 16).

- Siempre debemos permanecer abiertos a la nueva visión de Dios para su obra, y a ser guiados por su Espíritu Santo.
- Pablo tuvo una visión. No vino de otras personas o de una encuesta comunitaria. Venía del corazón de Dios. Nuestra visión para la fundación de nuevas iglesias debe venir también del corazón de Dios.
- Pablo tuvo una visión de un hombre. No fue una visión de un modelo, una estrategia, un eslogan, un diagrama de flujo o un programa. La visión de Pablo se centraba en la humanidad perdida. Nuestra visión para la fundación de nuevas iglesias debe permanecer claramente centrada en las personas perdidas y en su necesidad de una relación con Jesucristo.
- Pablo tuvo una visión de una persona de Macedonia. Esta era una persona de una determinada ubicación, cultura, lengua e historia. Dios también nos dará una visión de un grupo particular de personas o de una comunidad. Necesitamos descubrir y obedecer la visión de Dios para nosotros.
- Pablo tuvo una visión de una persona de Macedonia que estaba de pie. Esta persona no era inferior a Pablo. Tenían que mirarse a los ojos y verse como iguales. La persona a la que llevo el evangelio es digna de mi respeto.
- Pablo tuvo una visión de una persona de Macedonia que estaba de pie y clamando, "¡Ven y ayúdanos!" Esta es la visión que nos impulsa. Tenemos que ir a nuestra ciudad, barrio, clan, tribu y familia. Hay que llevar a Cristo a nuestro mundo.

# Hay que llevar a Cristo a nuestro mundo.

C. La visión de Dios incluía un liderazgo divino continuo a medida que Dios le develaba a Pablo su plan para el desarrollo de la iglesia.

- El hombre de Macedonia resultó ser una mujer. Lidia de Filipos se convirtió en la persona más receptiva para esta oportunidad de ministerio.
- Pablo encontró a sus oyentes más receptivos entre un grupo de mujeres que estaban orando a la orilla del río.

- Pablo, en lugar de utilizar la sinagoga judía como anteriormente lo había hecho para iniciar las nuevas iglesias, comenzó esta obra en una casa.

- Lidia, una comerciante de telas de púrpura muy costosas, dirigió esta iglesia en la casa.

- Las estrategias para el desarrollo de la iglesia puede que no impliquen patrones previamente probados.

D. La fundación de iglesias requiere un gran sacrificio.

- Los esfuerzos de ministerio de Pablo y Silas los llevaron a la cárcel, pero hicieron ese sacrificio personal de buena gana. Cantaron cantos de alabanza a Dios mientras sufrían en su nombre (Hechos 16:25).

- Hoy en día, los líderes de la iglesia y los seguidores de Jesús pagan el mismo precio por iniciar iglesias. Se requiere de muchas horas de oración, lágrimas, esfuerzo, dinero, y a veces el derramamiento de la propia sangre de uno para comenzar nuevas iglesias.

- A pesar de las dificultades personales de Pablo y Silas, surgió como resultado de todo el evento una nueva iglesia en una casa, y el carcelero de Filipos quedó a cargo como su nuevo pastor.

E. A pesar de nuestras circunstancias, debemos vivir en la presencia de Dios con el fin de mantenernos conscientes de la permanencia de su Espíritu Santo.

- Pablo y Silas no vieron como una pérdida personal la paliza que recibieron ni la noche en la cárcel. Más bien, sintieron que el Espíritu de Dios les daba la victoria a pesar de las circunstancias negativas.

- Pablo y Silas sabían que estaban siendo dirigidos por el Espíritu de Dios; sabían que Él cuidaría personalmente de ellos.

- El terremoto que afectó la cárcel de Filipos nos recuerda que Dios todavía participa en situaciones como estas (Hechos 16:25-26). Él no nos olvida en los momentos difíciles de nuestras tareas ministeriales.

- Cuando obedecemos al Señor y hacemos su voluntad, el Señor va a intervenir en el momento de Dios con su poder majestuoso. Aun cuando el mal se oponga al avance del reino de Dios, Dios tiene la última palabra.

- No estamos construyendo o llevando adelante el reino de Dios por nosotros mismos; Dios está construyendo su reino.

F. Las estrategias de desarrollo de la iglesia han cambiado a lo largo de la historia de la iglesia.

- La iglesia cristiana no construyó edificio alguno durante los primeros 400 años de la historia eclesiástica.

- Los conceptos de edificios dedicados para iglesias, de propiedades y de pastores de tiempo completo para una congregación, vinieron después.

- En la Iglesia del Nazareno, nuestra definición de iglesia es como sigue: Cualquier grupo que, bajo un líder identificado, se reúne regularmente en un tiempo y lugar anunciados, para recibir alimento espiritual, para la adoración o para la instrucción, puede ser reconocido como una iglesia, y reportado como tal para las estadísticas de la iglesia de distrito y general, siempre y cuando el grupo se alinee con el mensaje y la misión de la Iglesia del Nazareno (Junta de Superintendentes Generales). En otras palabras, una iglesia es un grupo de creyentes, no un edificio o una propiedad.

- El Espíritu Santo ahora está dirigiendo a la iglesia a reproducirse en nuevas formas.

- Se anima a cada iglesia a fundar una iglesia hija.
- Estas iglesias hijas se reúnen en casas u otros sitios disponibles.
- Cada pastor es mentor de un pastor bivocacional que esté en formación ministerial.
- Este modelo no requiere financiamiento para iniciar una iglesia hija; los laicos pueden responder al llamado de Dios para ayudar en el lanzamiento de la nueva iglesia.
- Este modelo le permite a Dios hacer crecer su iglesia en nuevos lugares alrededor del mundo; Él sólo necesita corazones receptivos que capten la visión, que respondan al llamado, y que permitan que Dios los guíe.

*Cualquier grupo que, bajo un líder identificado, se reúne regularmente en un tiempo y lugar anunciados, para recibir alimento espiritual, para la adoración o para la instrucción, puede ser reconocido como una iglesia, y reportado como tal para las estadísticas de la iglesia de distrito y general, siempre y cuando el grupo se alinee con el mensaje y la misión de la Iglesia del Nazareno (Junta de Superintendentes Generales). En otras palabras, una iglesia es un grupo de creyentes, no un edificio o una propiedad.*

G. El propósito del desarrollo de la iglesia es alcanzar a nuevas personas para Jesucristo.

- Jesús dijo: "Es necesario que también a otras ciudades anuncie el evangelio del reino de Dios, porque para esto he sido enviado" (Lucas 4:43).
- Somos embajadores del reino de Dios, y dedicamos nuestras vidas al desarrollo de la iglesia.
- Nuestros esfuerzos no están dirigidos a sostener una organización.
- Queremos que el mayor número posible de personas lleguen al conocimiento salvador de Jesucristo.
- Queremos discipular a los nuevos creyentes a la imagen de Cristo.
- Jesús dijo: "Yo os digo: Alzad vuestros ojos y mirad los campos, porque ya están blancos para la siega "(Juan 4:35).

## 6. *Liderazgo Transformacional*

A. Buscamos desarrollar líderes a través de un modelo de semejanza a Cristo. Jesús es nuestro ejemplo. Por lo tanto, un líder transformacional es un líder a la semejanza de Cristo.

B.  Los líderes transformacionales son sumisos y humildes.

- Siguen a Jesucristo, quien se sometió a la voluntad del Padre (Filipenses 2: 5-8).
- Dependen totalmente de Dios para que les conteste sus oraciones y les supla todas sus necesidades (Juan 15:7).
- Se someten a la autoridad de otros y piensan menos en sí mismos (Efesios 5:21).

## Un líder transformacional es un líder a la semejanza de Cristo.

C.  Los líderes transformacionales son siervos.

- Siguen el ejemplo de Jesucristo, que no vino a ser servido sino a servir a los demás (Marcos 10:45; Mateo 20:28).
- Dirigen desde este espíritu y actitud de siervo (Filipenses 2).

D.  Los líderes transformacionales son visionarios.

- "Donde no hay visión, el pueblo se extravía" (Proverbios 29:18, NVI).
- "Y el Señor me respondió: Escribe la visión, y haz que resalte claramente en las tablillas" (Habacuc 2:2, NVI).
- Jesús pintó una visión del reino de Dios; nosotros debemos hacer lo mismo de manera que todo el mundo pueda entender claramente.
- Esta característica es un factor distintivo entre seguidores y líderes. Los líderes visionarios buscan la visión de Dios para la iglesia y las comunidades y lanzan esa visión a los demás.

E.  Los líderes transformacionales piensan estratégicamente.

- Tienen la capacidad de traducir la visión para sus comunidades en instrumentos para el reino de Dios.
- Entienden las circunstancias de nuestro tiempo y les encuentran respuestas bíblicas, como lo hicieron los hijos de Isacar (1 Crónicas 12:32).
- Poseen visión para las almas que hay que ganar para el reino de Dios.
- Lanzan la visión en función de pasos de acción que movilicen a los creyentes a los campos de cosecha.
- Son capaces de poner la visión y la misión en planes del reino que sean sencillos pero eficaces (Lucas 14: 28-30).

F.  Los líderes transformacionales son creadores de equipos.

- Jesús es nuestro modelo; creó un equipo y lo empoderó, en lugar de Él hacer todo el ministerio por sí mismo (Mateo 10).
- Los discípulos de Jesús era gente común, pero pusieron al mundo de cabeza (Hechos 17:6).
- Los líderes transformacionales crean equipos que involucren a todos los miembros de la iglesia en la obra del reino de Dios.

G.  Los líderes transformacionales son compasivamente asertivos.

- Cuando Jesús envió a sus discípulos a la obra de evangelización, les ordenó que fueran "prudentes como serpientes, y sencillos como palomas" (Mateo 10:16).
- Los líderes transformacionales deben saber cómo equilibrar la gracia y la ley, y la justicia y la misericordia, pero todo con santidad.
- Deben ser capaces de tomar decisiones sabias y reafirmarse en ellas como es debido.
- Sin embargo, sus decisiones deben ser atemperadas compasivamente.
- Tienen que hablar la verdad en amor (Efesios 4:15).

H. Los líderes transformacionales se comunican con claridad.

- Durante su ministerio terrenal Jesús dijo a menudo que el que tiene "oídos para oír, oiga" (Mateo 13:43). Jesús quería que sus seguidores escucharan consistente y persistentemente.
- Los líderes transformacionales deben tratar de hablar con la misma claridad y precisión de Jesucristo.
- Los líderes transformacionales entienden la importancia de una comunicación clara, coherente y convincente: "Y si la trompeta diera un sonido incierto, ¿quién se prepararía para la batalla?" (1 Corintios 14:8).

I. Los líderes transformacionales facultan a otros a fin de levantar una próxima generación que dirija el Reino.

- El estilo de liderazgo de Josué no pudo levantar a la siguiente generación de líderes; lideró sólo para su generación (Jueces 2:10).
- Los líderes transformacionales no construyen imperios para su periodo; capacitan tanto a las generaciones presentes como a las que siguen.
- Identifican, capacitan y desarrollan mentores que equipen, faculten, y liberen a los líderes por el bien del reino de Dios.
- Ningún liderazgo tiene éxito sin la sucesión de liderazgo. "Lo que has oído de mí ante muchos testigos, esto encarga a hombres fieles que sean idóneos para enseñar también a otros" (2 Timoteo 2: 2).

## 7. Compasión con Propósito

A. La compasión con propósito manifiesta el corazón amoroso de Dios.

- El que Dios enviara a su Hijo al mundo y el que Jesús muriera en beneficio de la humanidad son las dádivas máximas de amor y compasión de Dios.
- Juan 3:16-17 dice que Dios nos dio a su Hijo de la abundancia de su amor a fin de que podamos tener vida eterna. Del mismo modo, 1 Juan 3:16-17 nos dice que el amor de Dios por la humanidad se expresa en actos genuinos de compasión de los creyentes hacia la creación de Dios.
- La vida, el ministerio, la muerte y la resurrección de Jesús ilustran a un ser que se mueve en amor por causa de otro y del mundo (Mateo 9:36).

B. La compasión con propósito siempre se hace en el nombre de Jesús.

- Jesús es nuestro modelo de compasión. En los evangelios, Jesús fue conmovido en lo más profundo de su ser a "sufrir con" la humanidad.

- Jesús fue particularmente movido a compasión en el amor y el cuidado de los pobres, los perdidos, los enfermos, los marginados y los vulnerables.
- Plenamente Dios y plenamente humano, Jesús es nuestro modelo de cómo vivir y de cómo amar.
- Hacemos cada acto de servicio, de generosidad o de misericordia en el nombre de Jesús, y ofrecemos esfuerzos que revelen el amor de Jesús (Mateo 10:42).

## Hacemos cada acto de servicio, de generosidad o de misericordia en el nombre de Jesús, y ofrecemos esfuerzos que revelen el amor de Jesús.

C. La compasión con propósito respeta la dignidad de cada persona.
- El pueblo de Dios ofrece esperanza, amor y ayuda en el nombre de Jesús de forma tal que honre a cada persona como alguien hecho a la imagen de Dios, como creación de Dios.
- La compasión no tiene otro motivo que no sea extender el amor de Dios en Cristo.

D. La compasión con propósito fluye naturalmente de los creyentes transformados.
- La iglesia está llamada a encarnar el propio amor y compasión de Dios en el mundo.
- El trabajo compasivo nunca se completa solo con la fuerza humana o el activismo social.
- Como cuerpo de Cristo, nuestro llamado compasivo toca todas las áreas de la vida de una manera holística, moldeada por la vida de Jesús y la guía del Espíritu Santo.
- El Espíritu Santo transforma los corazones de los creyentes, quienes a su vez trabajan para lograr la transformación física, social y espiritual de nuestro mundo.
- La compasión pretende ser integral y activa en la vida y ministerio de cada congregación.

E. La compasión con propósito es nuestra definición wesleyana de la misión integral.
- Somos enviados por Dios el Padre y facultados por el Espíritu Santo para ir al mundo a amar y a servir al Señor.
- Creemos que el Padre ya está trabajando por el poder del Espíritu Santo en la vida de cada persona, y estamos llamados a trabajar a su lado en esta buena obra.
- El verdadero evangelismo trae el llamado y el compromiso de entrar y participar en la vida de los que nos rodean.
- En el nombre de Jesús, nos acercamos al sufrimiento y al quebrantamiento y buscamos traer sanidad, esperanza, paz y amor a las personas que tienen necesidad, que están marginados y que son vulnerables.
- Somos atraídos los unos a los otros en amistad amorosa y en comunidad, lo cual trae consecuencias sociales. Así también es como Dios construye y extiende el cuerpo de Cristo.

F. La compasión con propósito fluye de nuestra vida como una expresión de nuestro compromiso con la misión de Dios para redimir a un mundo quebrantado.
- Buscamos ver, oír y responder a una humanidad quebrantada y herida de la misma manera que Dios lo hace.

- Buscamos invertir todos los recursos disponibles para aliviar el sufrimiento humano y buscar los planes de restauración, integridad, salvación y paz de Dios en el mundo y para el mundo.
- Intentamos además reparar los sistemas de sociedades en ciclos que crean las estructuras de injusticia que contribuyen a la opresión de las personas y al mal sistémico en nuestro mundo, y lo hacemos en el nombre de Jesús.
- En todo lo que hacemos, buscamos ayudar a cumplir la misión del Señor y dar gloria a Dios (Miqueas 6: 8).

# NUESTRA TEOLOGÍA WESLEYANA

## El milagro de la gracia que transforma*

"Gracia que es mayor que todo nuestro pecado". ¡Qué pensamiento más maravilloso el de este primer verso de un conocido himno en inglés!

En Jesús, Dios se encarnó y actuó de manera decisiva para reconciliar al mundo consigo mismo (Juan 3:15-16; Romanos 1:1-16). Cuando aún éramos pecadores, Dios ofreció a su propio Hijo "como un sacrificio de expiación" por el pecado (Romanos 3:25, NVI). ¡El Señor de toda la creación llevó sobre sí el pecado del mundo y nos dio salvación a todos!

En Jesucristo, la justicia de Dios—su salvación—se hizo manifiesta (Romanos 3:21). De no haber sido por esta acción, toda la humanidad estaría separada irremisiblemente de Dios (Efesios 1:5-2:10). Hoy, todos los poderes que nos separaban de Dios están derrotados (Colosenses 2:15). ¡Ahora, "por medio de la fe en Jesucristo" (Romanos 3:22), somos hechos libres (Romanos 8:2)!

El Nuevo Testamento forma un himno continuo de alabanza al Dios que nos da abundantemente de sus riquezas (Efesios 1:6-10). En Cristo, la plenitud de Dios habita corporalmente, y los que reciben a Cristo llegarán a la plenitud en Él (Colosenses 2:8-15). El apóstol Pablo, tras examinar los beneficios de la gracia de Dios, exclamó: "¡Profundidad de las riquezas, de la sabiduría y del conocimiento de Dios!" (Romanos 11:33). Algunas de esas riquezas son el perdón de pecados, el Espíritu que mora en nosotros, la formación a la imagen de Cristo, la vida eterna, la paz con Dios, la santificación, el compañerismo de la iglesia y la esperanza del regreso del Señor.

Cuando Jesús hablaba, lo que numerosas personas escuchaban era en verdad "buenas nuevas", a saber, que Dios reconcilia consigo mismo a los pecadores. Incluso un odiado recolector de impuestos o una mujer sorprendida en el acto de adulterio que escucha del amor de Dios, puede arrepentirse, ser perdonado y recibir vida eterna. Dios se da libremente a aquellos que reconocen su falta de capacidad para hacer algo que amerite el favor de Dios (Lucas 15).

Mucho antes de que nos demos cuenta, el Espíritu Santo ya está trabajando en su intento de llevarnos a la salvación. El salmista dice que no hay un lugar donde la voz de Dios no se escuche (Salmo 19:3). Pablo nos dice que, en cada momento, toda la creación depende de Cristo para su existencia (Colosenses 1:15-17). Juan declara que Cristo alumbra a todo ser humano (Juan 1:9).

En formas que son igualadas solamente por la creatividad y la fidelidad de Dios, el Espíritu Santo trabaja en historias personales y sociales que le abren sendas al evangelio. El Espíritu Santo va con antelación a la proclamación explícita del evangelio y prepara a las personas para escuchar—y ojalá recibir—las buenas nuevas.

En retrospectiva, todos los cristianos pueden rastrear un patrón por el cual el Espíritu los llevó a la redención cristiana. A esta dimensión preparatoria de la gracia de Dios le llamamos "gracia "preveniente", o la gracia que se nos adelanta.

Dios está de nuestra parte. Todo lo que Dios hizo por medio de su Hijo, ahora nos lo ofrece por medio del Espíritu Santo. De hecho, toda la creación se beneficia de la salvación que el Padre ha llevado a cabo en su Hijo (Romanos 8:19-25).

La justificación es el nombre que le damos al acto de gracia por el cual Dios perdona y reconcilia a los pecadores consigo mismo. La justificación, el que uno sea devuelto al favor de Dios, es por gracia mediante la fe sola.

Pero la justificación es solo una dimensión de la obra salvífica de Dios. Hay un segundo beneficio, y es que el Espíritu de Dios en realidad viene a morar en el pecador que se arrepiente a fin de establecer en él o ella la vida de Dios. La persona nace de nuevo; es regenerada por el Espíritu de Dios. El Nuevo Testamento le llama a esta nueva concreción de la vida espiritual una nueva creación, un nuevo nacimiento, vida eterna, entrar al reino de Dios, caminar en vida nueva, y vida en el Espíritu.

Pero como quiera que se le llame, lo cierto es que por el milagro de la gracia divina el Espíritu Santo instala verdaderamente su residencia en el cristiano, efectuando una transformación. Donde antes había muerte, ahora hay vida, paz con Dios donde antes había guerra, y esperanza donde antes había desesperanza. El Nuevo Testamento anuncia: "Si alguno está en Cristo, es una nueva creación. ¡Lo viejo ha pasado, ha llegado ya lo nuevo! Todo esto proviene de Dios" (2 Corintios 5:17-18a, NVI).

El Nuevo Testamento habla de los cristianos como que ellos están "en Cristo", y de Cristo como que Él está en ellos. Por un lado, los cristianos ahora se han reconciliado con Dios porque por fe están "en Cristo" (Romanos 8:1), en Aquél que reconcilia con el Padre a los pecadores arrepentidos.

Por otro lado, el Nuevo Testamento habla de Cristo en nosotros como la "esperanza de gloria" (Colosenses 1:27). Mediante el Espíritu Santo, el Cristo resucitado imparte su vida a su pueblo; se imparte a sí mismo. Habita en ellos y cultiva dentro de ellos el fruto del Espíritu (Gálatas 5:22-23).

"Pero," dirán muchos, "siendo realistas, ¿qué clase de vida espiritual puedo yo esperar como cristiano? ¿Acaso no es cierto que el arrastre de los viejos hábitos pecaminosos sigue estableciendo el patrón de mi vida? ¿O será que el Espíritu de Dios que ahora mora en mí puede ofrecerme una vida mejor?" El Nuevo Testamento responde: "El que está en ustedes es más poderoso que el que está en el mundo" (1 Juan 4:4, NVI).

¡El mismo poder que levantó a Jesucristo de los muertos, dándole la victoria sobre la muerte, el infierno, el pecado y el sepulcro, ahora trabaja en nosotros por el Espíritu Santo (Efesios 1:19)! En otro tiempo gobernó la antigua ley del pecado y de la muerte. Pero ahora, "la ley del Espíritu de vida en Cristo Jesús me ha librado de la ley del pecado y de la muerte" (Romanos 8:2).

La norma gozosa para todos los cristianos es que sean llenos del Espíritu Santo, y que vivan, no de acuerdo a la carne, sino de acuerdo al Espíritu (Romanos 8:1-8). ¿Ha experimentado usted personalmente en su vida el milagro de la gracia transformadora de Dios?

# NUESTROS ARTÍCULOS DE FE

### I. El Dios trino

Creemos en un solo Dios eternamente existente e infinito, Creador y Sustentador, Soberano del universo; que sólo Él es Dios, santo en naturaleza, atributos y propósito. El Dios, quien es amor santo y luz es trino en su ser esencial, revelado como Padre, Hijo y Espíritu Santo.

(Génesis 1; Levítico 19:2; Deuteronomio 6:4-5; Isaías 5:16; 6:1-7; 40:18-31; Mateo 3:16-17; 28:19-20; Juan 14:6-27; 1 Corintios 8:6; 2 Corintios 13:14; Gálatas 4:4-6; Efesios 2:13-18, 1 Juan 1:5; 4:8)

### II. Jesucristo

Creemos en Jesucristo, la Segunda Persona de la Divina Trinidad; que Él es eternamente uno con el Padre; que se encarnó por obra del Espíritu Santo y que nació de la virgen María, de manera que dos naturalezas enteras y perfectas, es decir, la deidad y la humanidad, fueron unidas en una persona, verdadero Dios y verdadero hombre, el Dios-hombre.

Creemos que Jesucristo murió por nuestros pecados, y que ciertamente se levantó de entre los muertos y tomó otra vez su cuerpo, junto con todo lo perteneciente a la perfección de la naturaleza humana, con el cual ascendió al cielo y está allí intercediendo por nosotros.

(Mateo 1:20-25; 16:15-16; Lucas 1:26-35; Juan 1:1-18; Hechos 2:22-36; Romanos 8:3, 32-34; Gálatas 4:4-5; Filipenses 2:5-11; Colosenses 1:12-22; 1 Timoteo 6:14-16; Hebreos 1:1-5; 7:22-28; 9:24-28; 1 Juan 1:1-3; 4:2-3, 15)

### III. El Espíritu Santo

Creemos en el Espíritu Santo, la Tercera Persona de la Divina Trinidad, que está siempre presente y eficazmente activo en la Iglesia de Cristo y juntamente con ella, convenciendo al mundo de pecado, regenerando a los que se arrepienten y creen, santificando a los creyentes y guiando a toda verdad la cual está en Jesucristo.

---

Las referencias bíblicas son de apoyo de los Artículos de Fe y fueron colocadas aquí por la acción de la Asamblea General de 1976, pero no deben ser consideradas parte del texto constitucional.

(Juan 7:39; 14:15-18, 26; 16:7-15; Hechos 2:33; 15:8-9; Romanos 8:1-27; Gálatas 3:1-14; 4:6; Efesios 3:14-21; 1 Tesalonicenses 4:7-8; 2 Tesalonicenses 2:13; 1 Pedro 1:2; 1 Juan 3:24; 4:13)

## IV. Las Sagradas Escrituras

Creemos en la inspiración plenaria de las Sagradas Escrituras, por las cuales aceptamos los 66 libros del Antiguo y Nuevo Testamentos dados por inspiración divina, revelando infaliblemente la voluntad de Dios respecto a nosotros en todo lo necesario para nuestra salvación, de manera que no se debe imponer como Artículo de Fe ninguna enseñanza que no esté en ellas.

(Lucas 24:44-47; Juan 10:35; 1 Corintios 15:3-4; 2 Timoteo 3:15-17; 1 Pedro 1:10-12; 2 Pedro 1:20-21)

## V. El pecado, original y personal

Creemos que el pecado entró en el mundo por la desobediencia de nuestros primeros padres, y la muerte por el pecado. Creemos que el pecado es de dos clases: pecado original o depravación y pecado actual o personal.

Creemos que el pecado original, o depravación, es aquella corrupción de la naturaleza de toda la descendencia de Adán, razón por la cual todo ser humano está muy apartado de la justicia original o estado de pureza de nuestros primeros padres al tiempo de su creación, es adverso a Dios, no tiene vida espiritual, está inclinado al mal y esto de continuo. Además, creemos que el pecado original continúa existiendo en la nueva vida del regenerado hasta que el corazón es totalmente limpiado por el bautismo con el Espíritu Santo.

Creemos que el pecado original difiere del pecado actual, por cuanto constituye una propensión heredada al pecado actual de la que nadie es responsable, sino hasta que el remedio divinamente provisto haya sido menospreciado o rechazado.

Creemos que el pecado actual o personal es la violación voluntaria de una ley conocida de Dios cometida por una persona moralmente responsable. Por tanto, no debe ser confundido con fallas involuntarias o inevitables, debilidades, faltas, errores, fracasos u otras desviaciones de una norma de conducta perfecta, los cuales son residuos de la caída. Sin embargo, tales efectos inocentes no incluyen actitudes o respuestas contrarias al Espíritu de Cristo, las que pueden llamarse propiamente pecados del espíritu. Creemos que el pecado personal es primordial y esencialmente una violación de la ley del amor y que, en relación con Cristo, el pecado puede definirse como incredulidad.

(Pecado original: Génesis 3; 6:5; Job 15:14; Salmos 51:5; Jeremías 17:9-10; Marcos 7:21-23; Romanos 1:18-25; 5:12-14; 7:1—8:9; 1 Corintios 3:1-4; Gálatas 5:16-25; 1 Juan 1:7-8. Pecado personal: Mateo 22:36-40 [con 1 Juan 3:4]; Juan 8:34-36; 16:8-9; Romanos 3:23; 6:15-23; 8:18-24; 14:23; 1 Juan 1:9—2:4; 3:7-10)

## VI. La expiación

Creemos que Jesucristo por sus sufrimientos, por el derramamiento de su preciosa sangre y por su muerte en la cruz hizo una expiación plena por todo el pecado de la humanidad, y que esta expiación es la única base de la salvación y que es suficiente para todo individuo de la raza de Adán. La expiación es misericordiosamente eficaz para la salvación de aquellos incapaces de responsabilidad moral y para los niños en su inocencia, pero para los que llegan a la edad de responsabilidad es eficaz para su salvación solamente cuando se arrepienten y creen.

(Isaías 53:5-6, 11; Marcos 10:45; Lucas 24:46-48; Juan 1:29; 3:14-17; Hechos 4:10-12; Romanos 3:21-26; 4:17-25; 5:6-21; 1 Corintios 6:20; 2 Corintios 5:14-21; Gálatas 1:3-4; 3:13-14; Colosenses 1:19-23; 1 Timoteo 2:3-6; Tito 2:11-14; Hebreos 2:9; 9:11-14; 13:12; 1 Pedro 1:18-21; 2:19-25; 1 Juan 2:1-2)

## VII. La gracia preveniente

Creemos que la creación de la raza humana a la imagen de Dios incluyó la capacidad de decidir entre el bien y el mal y que, por tanto, los seres humanos fueron hechos moralmente responsables; que a través de la caída de Adán ellos se tornaron depravados, de tal modo que ahora no pueden, por sí mismos y por sus capacidades y obras, volver a la fe e invocar a Dios. Pero también creemos que la gracia de Dios, por medio de Jesucristo, se concede gratuitamente a todas las personas, capacitando a todos los que quieran, para volverse del pecado a la justicia, para creer en Jesucristo y recibir perdón y limpieza del pecado, y para seguir las buenas obras agradables y aceptables ante Él. Creemos que todas las personas, aunque posean la experiencia de la regeneración y de la entera santificación, pueden caer de la gracia y apostatar y, a menos que se arrepientan de sus pecados, se perderán eternamente y sin esperanza.

(Semejanza divina y responsabilidad moral: Génesis 1:26-27; 2:16-17; Deuteronomio 28:1-2; 30:19; Josué 24:15; Salmos 8:3-5; Isaías 1:8-10; Jeremías 31:29-30; Ezequiel 18:1-4; Miqueas 6:8; Romanos 1:19-20; 2:1-16; 14:7-12; Gálatas 6:7-8. Incapacidad natural: Job 14:4; 15:14; Salmos 14:1-4; 51:5; Juan 3:6a; Romanos 3:10-12; 5:12-14, 20a; 7:14-25. Don de gracia y obras de fe: Ezequiel 18:25-26; Juan 1:12-13; 3:6b; Hechos 5:31; Romanos 5:6-8, 18; 6:15-16, 23; 10:6-8; 11:22; 1 Corintios 2:9-14; 10:112; 2 Corintios 5:18-19; Gálatas 5:6; Efesios 2:8-10; Filipenses 2:12-13; Colosenses 1:21-23; 2 Timoteo 4:10a; Tito 2:11-14; Hebreos 2:1-3; 3:12-15; 6:4-6; 10:26-31; Santiago 2:18-22; 2 Pedro 1:10-11; 2:20-22)

## VIII. El arrepentimiento

Creemos que el arrepentimiento, que es un cambio sincero y completo de la mente respecto al pecado, con el reconocimiento de culpa personal y la separación voluntaria del pecado, se exige de todos los que por acción o propósito han llegado a ser pecadores contra Dios. El Espíritu de Dios da a todos los que quieran arrepentirse la ayuda benigna de la contrición de corazón y la esperanza de misericordia para que puedan creer a fin de recibir perdón y vida espiritual.

(2 Crónicas 7:14; Salmos 32:5-6; 51:1-17; Isaías 55:6-7; Jeremías 3:12-14; Ezequiel 18:30-32; 33:14-16; Marcos 1:14-15; Lucas 3:1-14; 13:1-5; 18:9-14; Hechos 2:38; 3:19; 5:31; 17:30-31; 26:16-18; Romanos 2:4; 2 Corintios 7:8-11; 1 Tesalonicenses 1:9; 2 Pedro 3:9)

# IX. La justificación, la regeneración y la adopción

Creemos que la justificación es aquel acto benigno y judicial de Dios, por el cual Él concede pleno perdón de toda culpa, la remisión completa de la pena por los pecados cometidos y la aceptación como justos de los que creen en Jesucristo y lo reciben como Salvador y Señor.

Creemos que la regeneración, o nuevo nacimiento, es aquella obra de gracia de Dios, por la cual la naturaleza moral del creyente arrepentido es vivificada espiritualmente y recibe una vida distin-tivamente espiritual, capaz de experimentar fe, amor y obediencia.

Creemos que la adopción es aquel acto benigno de Dios, por el cual el creyente justificado y regenerado se constituye en hijo de Dios.

Creemos que la justificación, la regeneración y la adopción son simultáneas en la experiencia de los que buscan a Dios y se obtienen por el requisito de la fe, precedida por el arrepentimiento y que el Espíritu Santo da testimonio de esta obra y estado de gracia.

(Lucas 18:14; Juan 1:12-13; 3:3-8; 5:24; Hechos 13:39; Romanos 1:17; 3:2126, 28; 4:5-9, 17-25; 5:1, 16-19; 6:4; 7:6; 8:1, 15-17; 1 Corintios 1:30; 6:11; 2 Corintios 5:17-21; Gálatas 2:16-21; 3:1-14, 26; 4:4-7; Efesios 1:6-7; 2:1, 4-5; Filipenses 3:3-9; Colosenses 2:13; Tito 3:4-7; 1 Pedro 1:23; 1 Juan 1:9; 3:1-2, 9; 4:7; 5:1, 9-13, 18)

# X. La santidad cristiana y la entera santificación

Creemos que la santificación es la obra de Dios por medio de la cual transforma a los creyentes a la semejanza de Cristo. Ésta es efectuada mediante la gracia de Dios por el Espíritu Santo en la santificación inicial, o regeneración (simultánea a la justificación), la entera santificación y la obra continua de perfeccionamiento del creyente por el Espíritu Santo, culminando en la glorificación, en la cual somos completamente conformados a la imagen del Hijo.

Creemos que la entera santificación es el acto de Dios, subsecuente a la regeneración, por el cual los creyentes son hechos libres del pecado original o depravación, y son llevados a un estado de entera devoción a Dios y a la santa obediencia de amor hecho perfecto.

Es efectuada por la llenura o el bautismo con el Espíritu Santo; y en una sola experiencia incluye la limpieza de pecado del corazón y la morada permanente y continua del Espíritu Santo, capacitando al creyente para la vida y el servicio.

La entera santificación es provista por la sangre de Jesús, efectuada instantáneamente por la gracia mediante la fe y precedida por la entera consagración. El Espíritu Santo da testimonio de esta obra y estado de gracia.

Esta experiencia se conoce también con varios nombres que re-presentan sus diferentes fases, tales como "la perfección cristiana", "el amor perfecto", "la pureza de corazón", "la llenura o el bautismo con el Espíritu Santo", "la plenitud de la bendición" y "la santidad cristiana".

Creemos que hay una clara distinción entre el corazón puro y el carácter maduro. El primero se obtiene instantáneamente como resultado de la entera santificación; el segundo es resultado del crecimiento en la gracia.

Creemos que la gracia de la entera santificación incluye el impulso divino para crecer en gracia como discípulo semejante a Cristo. Sin embargo, este impulso se debe cultivar conscientemente, y se debe dar atención cuidadosa a los requisitos y procesos del desarrollo espiritual y mejoramiento de carácter y personalidad en semejanza a Cristo. Sin ese esfuerzo con tal propósito, el testimonio de uno puede debilitarse, y la gracia puede entorpecerse y finalmente perderse.

Al participar en los medios de gracia, especialmente en la comunión cristiana, en las disciplinas espirituales y en los sacramentos de la iglesia, los creyentes crecen en gracia y en amor sincero para con Dios y con el prójimo.

(Jeremías 31:31-34; Ezequiel 36:25-27; Malaquías 3:2-3; Mateo 3:11-12; Lucas 3:16-17; Juan 7:37-39; 14:15-23; 17:6-20; Hechos 1:5; 2:1-4; 15:8-9; Romanos 6:11-13, 19; 8:1-4, 8-14; 12:1-2; 2 Corintios 6:14—7:1; Gálatas 2:20; 5:16-25; Efesios 3:14-21; 5:17-18, 25-27; Filipenses 3:10-15; Colosenses 3:1-17; 1 Tesalonicenses 5:23-24; Hebreos 4:9-11; 10:10-17; 12:1-2; 13:12; 1 Juan 1:7, 9. "Perfección cristiana", "amor perfecto": Deuteronomio 30:6; Mateo 5:43-48; 22:37-40; Romanos 12:9-21; 13:8-10; 1 Corintios 13; Filipenses 3:10-15; Hebreos 6:1; 1 Juan 4:17-18 "Pureza de corazón": Mateo 5:8; Hechos 15:8-9; 1 Pedro 1:22; 1 Juan 3:3. "La llenura o el bautismo con el Espíritu Santo": Jeremías 31:31-34; Ezequiel 36:25-27; Malaquías 3:2-3; Mateo 3:11-12; Lucas 3:16-17; Hechos 1:5; 2:1-4; 15:8-9. "Plenitud de la bendición": Romanos 15:29. "Santidad cristiana": Mateo 5:1—7:29; Juan 15:1-11; Romanos 12:1—15:3; 2 Corintios 7:1; Efesios 4:17—5:20; Filipenses 1:9-11; 3:12-15; Colosenses 2:20—3:17; 1 Tesalonicenses 3:13; 4:7-8; 5:23; 2 Timoteo 2:19-22; Hebreos 10:19-25; 12:14; 13:20-21; 1 Pedro 1:15-16; 2 Pedro 1:1-11; 3:18; Judas 20-21)

## XI. La iglesia

Creemos en la Iglesia, la comunidad que confiesa a Jesucristo como Señor, el pueblo del pacto de Dios renovado en Cristo, el Cuerpo de Cristo llamado a ser uno por el Espíritu Santo mediante la Palabra.

Dios llama a la Iglesia a expresar su vida en la unidad y la comunión del Espíritu; en adoración por medio de la predicación de la Palabra de Dios, en la observancia de los sacramentos y el ministerio en su nombre; en la obediencia a Cristo, la vida santa y la mutua rendición de cuentas.

La misión de la Iglesia en el mundo es compartir la obra redentora y el ministerio reconciliador de Cristo en el poder del Espíritu. La Iglesia cumple su misión haciendo discípulos mediante el evangelismo, la educación, mostrando compasión, trabajando por la justicia y dando testimonio al reino de Dios.

La Iglesia es una realidad histórica que se organiza en formas culturalmente adaptadas; existe tanto como congregaciones locales y como cuerpo universal; aparta a personas llamadas por Dios para ministerios específicos. Dios llama a la iglesia a vivir bajo su gobierno en anticipación de la consumación en la venida de nuestro Señor Jesucristo.

(Éxodo 19:3; Jeremías 31:33; Mateo 8:11; 10:7; 16:13-19, 24; 18:15-20; 28:1920; Juan 17:14-26; 20:21-23; Hechos 1:7-8; 2:32-47; 6:1-2; 13:1; 14:23; Romanos 2:28-29; 4:16; 10:9-15; 11:13-32; 12:1-8; 15:1-3; 1 Corintios 3:5-9; 7:17; 11:1, 17-33; 12:3, 12-31; 14:26-40; 2 Corintios 5:11—6:1; Gálatas 5:6, 13-14; 6:1-5, 15; Efesios 4:1-17; 5:25-27; Filipenses 2:1-16; 1 Tesalonicenses 4:1-12; 1 Timoteo 4:13; Hebreos 10:19-25; 1 Pedro 1:1-2, 13; 2:4-12, 21; 4:1-2, 10-11; 1 Juan 4:17; Judas 24; Apocalipsis 5:9-10)

## XII. El bautismo

Creemos que el bautismo cristiano, ordenado por nuestro Señor, es un sacramento que significa la aceptación de los beneficios de la expiación de Jesucristo, que debe administrarse a los creyentes, y que declara su fe en Jesucristo como su Salvador y su pleno propósito de obediencia en santidad y justicia. Como el bautismo es un símbolo del nuevo pacto, se puede bautizar a niños pequeños, a petición de sus padres o tutores, quienes prometerán la enseñanza cristiana necesaria.

El bautismo puede ser administrado por aspersión, afusión o inmersión, según la preferencia del candidato.

(Mateo 3:1-7; 28:16-20; Hechos 2:37-41; 8:35-39; 10:44-48; 16:29-34; 19:16; Romanos 6:3-4; Gálatas 3:26-28; Colosenses 2:12; 1 Pedro 3:18-22)

## XIII. La santa cena

Creemos que la cena conmemorativa y de comunión instituida por nuestro Señor y Salvador Jesucristo es esencialmente un sacramento del Nuevo Testamento, que declara su muerte expiatoria, por cuyos méritos los creyentes tienen vida y salvación, y la promesa de todas las bendiciones espirituales en Cristo. Es distintivamente para aquellos que están preparados para apreciar con reverencia su significado y por ella anuncian la muerte del Señor hasta que Él venga otra vez. Siendo la fiesta de comunión, sólo aquellos que tienen fe en Cristo y amor para los santos deben ser llamados a participar en ella.

(Éxodo 12:1-14; Mateo 26:26-29; Marcos 14:22-25; Lucas 22:17-20; Juan 6:28-58; 1 Corintios 10:14-21; 11:23-32)

# XIV. La sanidad divina

Creemos en la doctrina bíblica de la sanidad divina e instamos a nuestro pueblo a ofrecer la oportunidad de hacer la oración de fe para la sanidad de los enfermos. Creemos también que Dios sana a través de la ciencia médica.

(2 Reyes 5:1-19; Salmos 103:1-5; Mateo 4:23-24; 9:18-35; Juan 4:46-54; Hechos 5:12-16; 9:32-42; 14:8-15; 1 Corintios 12:4-11; 2 Corintios 12:7-10; Santiago 5:13-16)

# XV. La segunda venida de Cristo

Creemos que el Señor Jesucristo vendrá otra vez; que los que vivamos en el momento de su venida no precederemos a los que durmieron en Cristo Jesús; mas si hemos permanecido en Él, seremos arrebatados con los santos resucitados para reunirnos con el Señor en el aire, y estaremos siempre con Él.

(Mateo 25:31-46; Juan 14:1-3; Hechos 1:9-11; Filipenses 3:20-21; 1 Tesalonicenses 4:13-18; Tito 2:11-14; Hebreos 9:26-28; 2 Pedro 3:3-15; Apocalipsis 1:7-8; 22:7-20)

# XVI. La resurrección, el juicio y el destino

Creemos en la resurrección de los muertos, que los cuerpos tanto de los justos como de los injustos serán resucitados y unidos con sus espíritus —"los que hicieron lo bueno, saldrán a resurrección de vida mas los que hicieron lo malo, a resurrección de condenación".

Creemos en el juicio futuro en el cual toda persona comparecerá ante Dios para ser juzgada según sus hechos en esta vida.

Creemos que a los que son salvos por creer en Jesucristo nuestro Señor y le siguen en obediencia se les asegura la vida gloriosa y eterna; y que los que permanezcan impenitentes hasta el fin, sufrirán eternamente en el infierno.

(Génesis 18:25; 1 Samuel 2:10; Salmos 50:6; Isaías 26:19; Daniel 12:2-3; Mateo 25:31-46; Marcos 9:43-48; Lucas 16:19-31; 20:27-38; Juan 3:16-18; 5:25-29; 11:21-27; Hechos 17:30-31; Romanos 2:1-16; 14:7-12; 1 Corintios 15:12-58; 2 Corintios 5:10; 2 Tesalonicenses 1:5-10; Apocalipsis 20:11-15; 22:1-15)

# NUESTRA ECLESIOLOGÍA

## La Santa Iglesia Cristiana

Nos identificamos con la historia bíblica del "pueblo de Dios", y confesamos que formamos parte de aquella iglesia que es "una, santa, apostólica y universal". El bautismo en la iglesia de Cristo es un testimonio personal y corporativo de la gracia preveniente y salvífica de Dios. Nuestros ministros se ordenan "en la Iglesia de Dios",[1] y nuestras congregaciones son expresiones concretas de la iglesia universal. Afirmamos la historia bíblica de la santidad de Dios y de la iglesia de Dios, elegida como instrumento de gracia divina y llamada a existencia por el Espíritu Santo, su vida y fuerza, y quien la convierte en el cuerpo viviente de Cristo en el mundo. La iglesia cristiana testifica la verdad de que la adoración a Dios es el verdadero centro de la vida humana.

La iglesia llama a los pecadores al arrepentimiento y a enmendar sus vidas, alimenta la vida santa en los creyentes por medio de una vida congregacional rica, y llama a los creyentes a una vida santificada. En su santidad y fidelidad, la iglesia le muestra al mundo el reino de Dios, por lo que ella es, en un verdadero sentido, la medida de su propio mensaje.

## Alineada con la Misión de Dios

La misión de Dios en el mundo es primordial, y la derivamos de Dios, quien formó un universo de vastas proporciones y, dentro de la naturaleza y de la historia, creó un pueblo para llevar la imagen divina con el propósito de que el amor divino pudiera florecer. Cuando el pecado estropeó la creación, la naturaleza redentora de la misión fue revelada, a saber, "la restauración de toda la creación para el propósito de la creación de Dios".[2] La restauración de la humanidad es fundamental.

Juan Wesley definía esto como la santificación, o "la renovación de nuestra alma a imagen de Dios", la que es caracterizada como "justicia y verdadera santidad".[3] La misión de Dios se refleja en el llamado de Abraham, elegido para bendición a fin de que su descendencia pudiera ser "bendición para todas las naciones" (Génesis 12:1-2), lo cual se manifiesta en la historia de los hebreos, quienes dieron testimonio del único Dios, y cuyo nombre proclamaron a las naciones de la tierra.

Los cristianos experimentan a Dios como una Santísima Trinidad, en quien Dios se revela más plenamente en Jesucristo nuestro Señor. El Espíritu Santo invita y faculta nuestra participación en la misión de Dios. La iglesia entra en ese pacto y sigue bendiciendo y sanando a las naciones como parte de su vida santificada. Nos unimos a otros cristianos en la misión de Dios, pero abrazamos una visión que ordena nuestra vida denominacional como una iglesia *internacional* en la cual las fronteras nacionales no definen las eclesiásticas, ya que Cristo abre la iglesia a todas las naciones y razas.

## Ministrar como Cristo en el Mundo

El fundamento del ministerio cristiano es el mandato bíblico de dar testimonio del amor de Dios en Cristo. Los creyentes afirman su ministerio en el bautismo, que anuncia su intención de dar testimonio público como discípulos de Cristo. El discipulado fiel es una señal externa de la gracia interior de Dios en nosotros; asimismo, es la señal de la gracia divina trabajando en el mundo que "Dios tanto amó". Todos los miembros del cuerpo de Cristo están equipados para el servicio, y los llamados al liderazgo especializado en la iglesia son ordenados como ministros apostólicos. Su llamado se basa en una convicción personal profunda.

Los ministros y los laicos de la iglesia local y de distrito disciernen y afirman la presencia de los dones y las gracias necesarias, y, en asamblea de distrito, eligen a los que van a ser ordenados como ministros. Los

---

[1] Estas palabras están inscritas en toda credencial de ordenación.

[2] Roger L. Hahn, "The Mission of God in Jesus' Teaching on the Kingdom of God," (La misión de Dios en la enseñanza de Jesús sobre el reino de Dios), en Keith Schwanz y Joseph Coleson, eds., *Missio Dei: A Wesleyan Understanding* (2011), 58.

[3] John Wesley, *Sermons, Volume II* (1902), p. 373; John Wesley, *A Plain Account of Christian Perfection* (Un recuento llano de la perfección cristiana) en J. A. Wood, *Christian Perfection as Taught by John Wesley* (La perfección cristiana enseñada por Juan Wesley) (1885), 211.

diáconos son ordenados para el servicio vocacional en un ministerio en el que la Palabra y la Mesa no son responsabilidades principales. En cambio, los presbíteros son ordenados para moldear el cuerpo de Cristo a través de la predicación del evangelio, la administración de los sacramentos, el nutrir al pueblo en la adoración, y el ordenamiento de la vida congregacional.

Los superintendentes son elegidos para un oficio de distrito o general por las asambleas de laicos y ministros. Los superintendentes de distrito dirigen su liderazgo pastoral y espiritual hacia las iglesias, los miembros y los ministros de un área definida. Los superintendentes generales ejercen un ministerio apostólico y pastoral hacia toda la denominación, manteniendo la unidad de la iglesia en la doctrina y en la santidad, modelando la vida de Cristo a través de la colegialidad, y lanzando una visión que toda la iglesia pueda acoger.

La posición estratégica de los superintendentes generales debe ser de alcance internacional. En ellos recae la responsabilidad de articular la visión y la necesidad de recursos para diferentes partes del cuerpo de la iglesia, participar en la asignación de recursos a las zonas necesitadas de nuestro ministerio mundial, y unificar a la iglesia en la misión y el mensaje. A través de la ordenación de ministros en las diversas asambleas de distrito, y de otras maneras, deben mantener la unidad de una denominación de inmensa diversidad nacional, económica, racial y lingüística.

# NUESTRO GOBIERNO

Los nazarenos siempre han reconocido su iglesia como una expresión de la iglesia universal. Además, creemos que las Escrituras no revelan un diseño específico de tipo de gobierno, y que nuestra política puede moldearse por común acuerdo siempre y cuando nada de lo que acordemos viole las Escrituras. En esa ecuación creemos que la misión debe moldear a la estructura (Declaración Histórica, *Manual 2013-2017*, páginas 17-19).

La Iglesia del Nazareno maneja una versión democrática de la política del episcopado metodista, la que expandió la voz de los ministros y los laicos e impuso límites al oficio del episcopado. A continuación presentamos algunos ejemplos básicos de la política nazarena:

- Tenemos tres niveles de gobierno:
  1. Las congregaciones eligen delegados que los representen en la asamblea anual de distrito.
  2. Las asambleas de distrito eligen delegados que los representen en la asamblea general que se reúne cada cuatro años.
  3. Las decisiones de la asamblea general son vinculantes para toda la iglesia y todas sus partes.

- La asamblea general elige a los superintendentes generales que dirigen los ministerios generales de la denominación y ejercen jurisdicción sobre toda la iglesia. Sirven de una asamblea general hasta la siguiente, y deben ser reelegidos en cada asamblea. A cada superintendente general se le asigna una lista de distritos y es responsable de conducir las asambleas anuales de distrito y ordenar a los nuevos ministros dentro de su área distrital de responsabilidad. El número de superintendentes generales ha cambiado a lo largo del tiempo, pero desde 1960 ha permanecido en seis. Colectivamente, conforman la Junta de Superintendentes Generales, la que se reúne como junta varias veces cada año.

- La asamblea general elige a la Junta General, la que está compuesta del mismo número de laicos y ministros. Se reúne anualmente y elige a los oficiales de la iglesia general y a los directores de sus departamentos. También revisa las políticas, los presupuestos y las operaciones de los ministerios generales de la iglesia.

- Las iglesias dentro de un área se agrupan en distritos, y las dirige un superintendente de distrito. La iglesia de distrito se organiza con propósitos misionales y se reúne anualmente como una asamblea de distrito. La asamblea de distrito elige al superintendente de distrito, cuya responsabilidad es nutrir a las iglesias y los pastores, fundar nuevas iglesias y fomentar la salud del distrito.

- Las iglesias llaman a sus propios pastores en consulta con el superintendente de distrito y con su aprobación; también administran sus propios asuntos financieros y operativos.

- Los distritos nazarenos se agrupan en regiones mundiales (por ej., la Región de África, la Región de Asia-Pacífico, etc.). Las regiones mundiales son estructuras misionales más que estructuras gubernamentales.

- Una cláusula de fideicomiso hace que los edificios de iglesias y casas pastorales dentro de un distrito sean propiedad del distrito.
- Las mujeres y los hombres por igual pueden servir en todos los puestos ministeriales y laicos de la iglesia.
- A nuestro libro de orden (guía) le llamamos *Manual de la Iglesia del Nazareno*. La asamblea g hace los cambios al *Manual*.

# NUESTRA IGLESIA LOCAL, DE DISTRITO Y GENERAL

## La iglesia local

La Iglesia del Nazareno quiere que todas las personas experimenten la gracia transformadora d medio del perdón de los pecados y la limpieza de corazón en Jesucristo mediante el poder del I Santo.

Nuestra misión primordial es "hacer discípulos semejantes a Cristo en las naciones" a fin de in a los creyentes a la comunión y membresía (congregaciones) y capacitar (enseñar) a todos los respondan por fe.

La meta última de la comunidad de fe es presentar perfectos en Cristo Jesús a todos en el día (Colosenses 1:28).

Es en la iglesia local donde tiene lugar la salvación, la perfección, la enseñanza y la comisión de creyentes. La iglesia local, el cuerpo de Cristo, es la representación de nuestra fe y nuestra mis

## La iglesia de distrito

Las iglesias locales están agrupadas administrativamente en distritos y regiones.

Un distrito es una entidad conformada por iglesias locales interdependientes, organizadas para misión de cada iglesia local mediante el apoyo mutuo, la compartición de recursos y la colabora

El superintendente de distrito supervisa un distrito particular en conjunto con la junta consulto distrito.

## La iglesia general

Las bases de unidad en la Iglesia del Nazareno son las creencias, política, definiciones y procedi articulados en el Manual de la Iglesia del Nazareno.

El punto medular de esta unidad está plasmado en los Artículos de Fe del Manual. Animamos a la iglesia en todas las regiones e idiomas a traducir, distribuir ampliamente, y enseñar estas creencias a nuestros miembros. Este es el hilo dorado que se entreteje en el bordado de todo lo que los nazarenos somos y hacemos.

Un reflejo visible de esta unidad es la asamblea general, que es "la suprema autoridad de la Iglesia del Nazareno en lo que respecta a la formulación de doctrinas, legislación, y elección" (Manual, 300).

Un segundo reflejo es la junta general internacional, que representa a toda la iglesia.

Un tercer reflejo es la junta de superintendentes generales, que puede interpretar el Manual, aprobar adaptaciones culturales, y ordenar al ministerio.

El gobierno de la Iglesia del Nazareno es representativo y, por lo tanto, evita por un lado los extremos del episcopado y, por otro, el congregacionalismo ilimitado.

La iglesia está más que conectada. Está interconectada. Los lazos que nos unen son más fuertes que un lazo sencillo que pueda cortarse en cualquier momento.

¿Cuál es la fuente de esta unión común? Es Jesucristo. *(Manual de la Iglesia del Nazareno 2013-2017)*

# NUESTRA IGLESIA CONECTADA

La Iglesia del Nazareno es una "comunión de santidad" bien conectada. No es una afiliación suelta de iglesias independientes; la denominación tampoco es solo una asociación de iglesias que tengan en común una creencia y un propósito sin una relación orgánica real.

La iglesia es conexa, y no pide disculpas por ello.

Con esto queremos decir que somos un cuerpo interdependiente de iglesias locales organizadas en distritos para llevar a cabo nuestra mutua misión de "hacer discípulos semejantes a Cristo en las naciones". Hay un compromiso de rendirse cuentas unos a otros por el bien de la misión y de mantener la integridad de nuestras creencias comunes.

Como iglesia conectada nosotros:

- Compartimos las creencias.

- Compartimos los valores.

- Compartimos la misión.

- Compartimos las responsabilidades.

Las responsabilidades compartidas incluyen una responsabilidad financiera cooperativa para financiar la misión a través del Fondo para la Evangelización Mundial y los especiales de misión.

Desde 1908, los nazarenos han estado haciendo discípulos semejantes a Cristo en las naciones mediante un ministerio global. Las áreas que se alcanzan para Cristo continúan expandiéndose y creciendo. Al orar y dar generosamente, usted se une con otros para hacer más de lo que podría hacer solo. Cada ofrenda que se da a su iglesia local tiene el propósito de financiar la misión.

La Iglesia del Nazareno sostiene el principio del sacrificio equitativo y no de una ofrenda equitativa. Esta es una postura bíblica esencial para una iglesia global que incluye las áreas económicas del primer mundo y las que están en desarrollo.

El Fondo para la Evangelización Mundial es el plan de financiamiento denominacional. Algunas veces usted escuchará el término "financiar la misión". Este término es más amplio que el de Fondo para la Evangelización Mundial, y es utilizado para reconocer las varias formas en que la misión se financia en diferentes partes del mundo.

El apoyo a la misión y a los ministerios de la iglesia sigue muy vigente en las regiones de Misión Mundial. El financiamiento de la misión tiene un gran significado para la iglesia en el sentido de que, para muchas personas, es ofrendar con sacrificio.

Cuando se observa la cantidad total que se da en el mundo, usted encontrará que un promedio del 86.1 por ciento se usa para el ministerio de su iglesia local. Los ministerios de distrito usan cerca del 4.5 por ciento de los fondos. Las universidades nazarenas educan y discipulan a los estudiantes con cerca del 1.8 por ciento de los fondos. Esto hace que el 7.6 por ciento del dinero de su iglesia vaya al Fondo para la Evangelización Mundial para el sostén de los misioneros, para los ministerios globales y para otros especiales de misión aprobados.

Usted puede ver que su ofrenda provee de capacitación y de discipulado, y que lleva las buenas nuevas a niños, jóvenes y adultos. Cuando usted ofrenda, se une a otros nazarenos en una iglesia conectada, ama a las personas quebrantadas, alcanza a las almas perdidas alrededor del mundo, y hace discípulos semejantes a Cristo en las naciones.

El Fondo para la Evangelización Mundial y los especiales de misión son parte de una responsabilidad compartida y hacen posible que la iglesia envíe misioneros, capacite a los líderes nacionales y provea educadores para evangelizar, discipular y enseñar a las nuevas generaciones de nazarenos.

**LA IGLESIA LOCAL
86.1%**

**EL FONDO PAR LA
EVANGELIZACION MUNDIAL
7.6%**

**LA IGLESIA DE
DISTRITO 4.5%**

**LA EDUCACIÓN SUPERIOR
1.8%**

## Cristiana. De Santidad. Misional.

Somos testigos del cumplimiento de la visión de nuestro primer superintendente general, Phineas F. Bresee. Desde el principio, él hablaba de la Iglesia del Nazareno como un "panorama divino" que rodearía al mundo con "salvación y santidad al Señor".

Todo nazareno, dondequiera que esté, participa de la realidad más amplia de esta visión.

Cada vida transformada es un testimonio de la enseñanza wesleyana de santidad de una salvación plena para todos.

La misión de la iglesia de "hacer discípulos semejantes a Cristo en las naciones" nos recuerda que se nos ha dado un encargo espiritual, y al mismo tiempo, que debemos ser buenos mayordomos de todos los recursos proporcionados por el Señor.

La misión viene de Dios, lo que significa que nuestro propósito es del más alto nivel, hecho posible por el Espíritu Santo que mora en nosotros.

Aun cuando honremos nuestra "excelente herencia", la iglesia no podrá volver atrás ni tampoco podrá permanecer donde está. Como seguidores de Jesucristo, debemos seguir avanzando hacia la ciudad "cuyo arquitecto y constructor es Dios" (Hebreos 11:10).

¡He aquí, Dios hace nuevas todas las cosas!